AF504367

AU-DELA DES APPARENCES
...Se cachent d'autres réalités

HISTOIRES DE VIE

ALEXANDRA RHEIN

Alexandra RHEIN- NORMANDIE CAEN 14
ISBN : 978-2-9579244-1-7
Dépôt légal : Juillet 2021
Imprimé à la demande par Amazon
Et disponible sur tout autre site

Née en 1979 à Rouen, **Alexandra Rhein** écrit comme une évidence depuis son enfance. L'écriture a toujours été sa meilleure alliée, lui permettant de dépeindre le tableau de la vie qu'elle observait, et de mettre du sens là où il n'y en avait pas toujours.

Intriguée et passionnée par les relations humaines, elle a obtenu une Licence universitaire puis est devenue Éducatrice de Jeunes enfants. Elle est aussi allée à la rencontre d'autres cultures pour se nourrir de la diversité (Italie et Argentine). Convaincue que les premières années de vie sont fondamentales pour se construire, elle accompagne des enfants au parcours chaotique et réalise rapidement que pour les aider au mieux, il faut aussi accompagner leurs parents.

Alexandra Rhein s'est alors formée comme Psychopraticienne pour s'investir auprès des adultes. Elle est également Formatrice pour les travailleurs sociaux et accompagne les professionnels de terrain au cœur d'Analyse des Pratiques Professionnelles. Chacune de ces actions est motivée par son intérêt pour l'humain et son fonctionnement.

Son écriture se nourrit des rencontres, de la vie, des relations humaines, des émotions que nous traversons tous. Alexandra Rhein trouve de l'universel dans chaque individu, et des individualités singulières dans le collectif.

Son écriture se nourrit du bruit de la vie mais se complait dans le silence et l'intimité. C'est pourquoi ses écrits se matérialisent dans des livres qui lui permettent de rencontrer, toucher et impacter les gens grâce au pouvoir des mots : un joli cercle vertueux de rencontres.

Portrait fait par SéLa Prod

Du même auteur :

QUELQUES LIGNES EN PARTAGE (2005)

ENTRE LES MOTS (2008)

AU BON ENDROIT AU BON MOMENT (2010)

Participation à L'ALMANACH DE 366 AUTEURS FRANCOPHONES (2020)- Ed. SéLa Prod

« Bénis soient les gens bizarres, les poètes, les inadaptés, les écrivains, les mystiques, les peintres, les troubadours, car ils nous apprennent à voir le monde avec des yeux différents. »
Jacob Nordby

PREAMBULE

Un autre éclairage …

Pourquoi j'écris ?

Pour le plaisir, pour l'évidence, pour partager et également pour mettre en lumière les zones d'ombre.

J'observe quotidiennement combien tout devient plus limpide quand on éclaire autrement le monde des relations humaines. Bien souvent les gens souffrent, se blessent mutuellement, restent dans l'incompréhension parce qu'il leur manque des éléments pour tout assembler.

Chacun de mes métiers s'évertue à apporter une autre luminosité pour ne plus souffrir de l'ombre et dans l'ombre.

J'écris parce qu'écrire et lire apporte une autre perspective pour voir le monde relationnel en relief, avec ses bosses, ses creux, ses atouts, ses manques.

Et probablement parce que je garde toujours l'espoir fort, intime, qu'à de précieux moments, les relations humaines deviennent limpides, sereines, soutenantes.

Certaines histoires de ce livre souffrent de l'ombre de la méconnaissance, de l'ombre du manque d'empathie de ce qui diffère de nous, entrainant des zones sombres qui entravent la rencontre sereine. La réalité de nos propres yeux est forcément limitée, parce que LA réalité n'existe pas, nous en avons chacun une perception. Lire apporte une autre lecture des réalités, à travers le regard de celui qui écrit et de ces autres qui se racontent. Lire ouvre sur tout un monde, et permet d'accéder à d'autres perspectives où tout est bien plus nuancé, plus riche et plus complexe au sens noble du terme.

Certaines des histoires de ce livre m'appartiennent en tant que Femme, Mère, Fille de, Educatrice, Formatrice, Psychopraticienne et d'autres sont une mise en mots de rencontres humaines. De qui cela parle précisément importe peu finalement, parce que même très différents dans la forme, nous nous rassemblons sur des points essentiels dans le fond. Ces histoires nous racontent en tant qu'humains.

C'est ainsi que se posent mes mots, comme une proposition à entrer dans une réalité aux multiples facettes… Au-delà des Apparences…

J'ai toujours adoré les mots, leur signification, leur charge émotionnelle et relationnelle.

J'aime les dire, les écrire et les entendre. J'aime ceux qui remplissent les livres et ceux qui servent les mélodies des chansons. J'aime les plaidoiries, les débats, les mots d'amour et d'amitié. Les mots qui rassurent, qui soutiennent, qui transportent. Les mots qui éclairent, qui ouvrent sur un autre monde de compréhension. Les mots qui créent du lien. Qui bousculent parfois aussi parce qu'ils sont percutants, pertinents. Les mots révélateurs. Ils sont, à mes yeux, vecteurs de lien, de rencontres, d'aller vers.

Les mots sont puissants et doivent être honorés et utilisés avec la conscience de leur puissance, leur effet et leur impact. Les mots peuvent caresser, soutenir et peuvent blesser très profondément aussi. Nous en sommes pleinement responsables puisqu'ils émanent de nous. Nous les créons et nous nous devons de les assumer pleinement avec l'intention que nous leur confions.

L'intention qu'ils portent est le reflet de celui qui les émet. Et qu'importe le vocabulaire employé. J'ai entendu et lu des personnes très démunies verbalement, exprimer des émotions extraordinaires. Et j'ai également côtoyé des personnes dont les mots, aussi bien employés soient-ils, déversaient un venin imbuvable.

Chacun est maître du rôle qu'il veut jouer dans sa rencontre avec l'autre.

C'est avec cette conscience du pouvoir des mots, que je viens une nouvelle fois vers vous pour partager.

Bienvenue Au-delà des Apparences…

« Etre différent n'est ni une bonne ni une mauvaise chose. Cela signifie simplement que vous êtes suffisamment courageux pour être vous-même. »
Albert Camus

D'aussi loin que je me souvienne, j'ai toujours été interpelée par la manière dont les gens percevaient les situations dont j'étais également témoin. Je ne percevais pas ce qu'ils décrivaient des scènes, ni ce qu'ils retenaient des échanges ou comprenaient des attitudes… Et il était clair qu'eux non plus, ne percevaient pas ce que je voyais, entendais et retenais.

Ce décalage de perception lorsque j'étais enfant s'est évidemment confirmé en grandissant. Encore aujourd'hui, je traverse la vie avec d'autres filtres, d'autres récepteurs, occasionnant forcément des incompréhensions. Par chance, en devenant adultes, on peut choisir sa voie, et donc majoritairement les personnes que l'on côtoie, j'ai alors la chance d'avoir des espaces d'échanges entre personnes qui voient les mêmes décors, les mêmes subtilités, les mêmes couleurs.

Bien souvent, je suis heurtée par les jugements trop hâtifs qui enferment les gens dans des cases qui ne leur correspondent pas. Finalement, c'est le regard que l'on porte sur eux qui est étriqué, pas ce qu'ils sont réellement. Sauf que les êtres humains sont purement sociaux et ont besoin des autres pour partager, échanger et se sentir exister. Ils sont alors déterminés, bloqués ou portés par ceux qui les entourent. La quête du bonheur passe en partie par le fait de s'affranchir du poids du regard des autres, de la société, de l'éducation, et c'est effectivement un chemin libérateur. Mais si dans le meilleur des cas, nous ne sommes plus dépendants les uns des autres, nous sommes toutefois interdépendants, et l'autre a toujours une place dans le paysage de nos existences.

Face à ce constat, je ne peux que mesurer l'impact souvent douloureux des jugements, préjugés, projections que se font subir les humains entre eux.

« Cet enfant est mal-élevé » ; « Cette mère ne sait pas jouer son rôle » ; « Ce mari n'est pas à la hauteur » ; « Cette femme l'a bien cherché » ; « Cet étranger est agressif »...

Moi, je vois un enfant dont les besoins ne sont pas remplis et qui l'exprime comme il peut ; Une mère qui n'a pas de relai et qui peine à tout assumer ; Un mari qui manque de confiance en lui et qui ne trouve pas sa place ; Une femme à qui l'on n'a pas appris à dire « non » et qui se retrouve en danger ; Un être qui vient d'ailleurs et qui n'a pas les mêmes codes.

Tout le monde a un peu raison finalement ; Quand certains voient des conséquences, et plaquent des constats, je perçois les causes et vais au-delà de cette photo de l'instant.

Nous sommes tous la cible de jugements, personne n'en tire ni plaisir, ni avantage, ni ressource positive. Alors je me demande souvent ce qui peut, si souvent, pousser les gens à jouer ce rôle qu'ils redoutent chez les autres !?

Probablement que juger donne du pouvoir, et permet de se sentir en position haute face à celui que l'on dénigre. Je ne perçois dans ce jeu, que des victimes d'un système qui écrase, avilit, humilie parfois et dont personne ne sort gagnant.

Il y a tout un monde à explorer au-delà des apparences, un monde tellement intéressant, vaste, surprenant. J'aime m'y aventurer et me laisser surprendre par ce que j'y découvre. C'est dans ces profondeurs que le monde des Hommes me paraît grisant. C'est dans ces profondeurs que j'aime rencontrer les humains et partager avec eux. Je reste assez peu en surface parce que je crains la violence de cet espace, mais je vis pleinement dans toutes les autres strates.

Alors Bienvenue Au-delà des Apparences.

RENCONTRES

Pierres précieuses...

C'est à cet endroit précis de la rencontre avec l'Autre que se situe le plus beau des cadeaux relationnels pour moi : dans la croyance mutuelle que cette rencontre est merveilleuse, qu'elle ouvre des portes fondamentales pour vivre mieux. Quand il y a un avant et un après ! Quand on se sent transformés de s'être rencontrés.

Les personnes que j'accompagne passent parfois par ce chemin que j'ai moi-même traversé : en découvrant avec émotion que la profondeur est possible, qu'il y a une multitude de degrés différents dans ce que nous vivons, ce que nous observons, ce que nous ressentons. En parallèle, ils découvrent aussi la solitude dans laquelle cela plonge parfois d'avoir tous les sens en éveil... dans ces vies quotidiennes tourbillonnantes qui nous laissent si souvent en surface !

Quand des flammes s'allument en face de moi, je sens combien ces rencontres sont précieuses. Je sais qu'elles ne sont qu'un début et que l'on peut à tout moment dans la vie se reconnecter les uns aux autres pour retrouver cette source, pour se rebrancher à ce qui porte, à ce qui fait vraiment vibrer dans les échanges !

Je sais grâce à Toi, à Lui, à Elle que ceux qui osent se connecter sont des pierres précieuses sur nos chemins respectifs ! Il y a des rencontres qui nous traversent brièvement et d'autres qui nous marquent à jamais. Il ne tient qu'à nous de choisir notre camp !

A ceux qui croisent ma route, qui l'enrichissent et repartent impactés également, vous vous reconnaitrez et je vous remercie d'avoir pris le temps et la mesure de ces rencontres.

Il arrive en face de moi, totalement relooké, le parfait élève. Il me parle avec des mots choisis, posés sans que cela n'ait encore vraiment de sens. Son apparence s'est clarifiée, pas ses idées. Quand je l'ai rencontré, il y a quelques mois, il faisait déjà de longs discours sans que je puisse comprendre de quoi il parlait. Un flou artistique comme j'en avais rarement entendu, laissant chaque interlocuteur démuni et souvent agacé. Difficile d'entamer une conversation sur des propos sans sens, cela revenait à marcher sur des sables mouvants. Il parlait sans rien dire. Etait-ce sa pensée qui était absolument floue et qu'il ne pouvait donc pas retranscrire clairement, ou était-ce un problème de mots, de vocabulaire, d'expression orale !? Je me suis longtemps posée la question, sans parvenir à l'accompagner sur un terrain plus clair. Après quelques mois d'échanges infructueux, provoquant l'agacement de ses interlocuteurs, j'ai tenté une autre hypothèse : et s'il parlait ainsi pour ne pas dire !?

Ainsi ce jour-là, j'ai questionné avec douceur, non pas ce qu'il disait mais ce qu'il ne disait pas. Déclenchant alors un flot de larmes si longtemps contenues et des mots enfin clairs, évidents. La communication s'évertue parfois à noyer l'essentiel, à provoquer l'incompréhension pour éloigner du but. Il attisait le feu d'un côté pour ne pas montrer l'inondation de l'autre. Je l'ai laissé évacuer ce qui l'encombrait si fort et je lui ai dit que les blessures pouvaient se panser, que nous n'étions pas obligés de les garder ainsi béantes.

Il a dit *:*

— Les blessures du corps, je comprends qu'elles se pansent mais les autres, je ne saisis pas comment on peut en guérir !?

— On ne peut effacer le passé mais on peut en garder le souvenir en n'ayant plus la douleur qui y est associée. Si tu t'ouvres la jambe en tombant, tu en garderas peut-être une cicatrice visible mais si tu es bien soigné, tu n'en souffriras plus. Il en est de même pour les événements qui traumatisent psychologiquement.

— Je n'oublierai jamais ce qu'il s'est passé.

— Effectivement, l'objectif n'est pas d'oublier mais d'apprivoiser l'événement pour que la douleur ne soit plus si vive. Pour que ta vie d'aujourd'hui ne dépende plus de cet événement. Tu peux garder cette souffrance mais tu peux également choisir de t'en libérer.

Il m'a regardé avec beaucoup d'attention, loin du flou qu'il proposait jusqu'à lors, il est resté ainsi silencieusement un moment comme pour intérioriser ce qu'il venait d'entendre. J'ai accueilli son regard, son silence si parlant. Puis il a dit :

— J'ai compris, tout est plus clair maintenant.

Clair, cela le deviendra désormais pour nous aussi lorsque nous serons en lien avec lui…

Dans le cadre de mes missions professionnelles, j'ai souvent à rédiger des écrits. Et ces écrits parlent souvent de la vérité supposée des autres. Je suis dans un statut de professionnelle qui doit rendre compte d'une histoire qui n'est pas la mienne mais dans laquelle je joue inévitablement un rôle.

Il y a forcément une part de nous dans chaque description que l'on fait. Dans nos métiers d'accompagnants, nous avons souvent à parler, expliquer, mettre en mots l'histoire de l'autre.

Or, ce n'est pas seulement de l'autre dont il s'agit mais également de nous dans cette rencontre. De notre regard sur lui, ce que nous avons estimé signifiant, du choix des mots que nous utilisons pour mettre en lumière certains aspects de la situation.

Penser que nous ne parlons que de l'autre, sans s'imaginer dans l'équation, c'est nier le pouvoir de la rencontre, ce que nous sommes et représentons aussi dans cet espace et ce temps.

Chaque fois que j'écris à propos de l'autre, c'est aussi une part de moi que je livre. Ma sensibilité, mon regard sur la situation, même si tout cela s'appuie sur une analyse professionnelle, un savoir théorique et mes années d'expérience. Ecrire en tant qu'accompagnant, c'est accepter de s'engager pleinement soi-même, dans sa part professionnelle et personnelle également.

Les personnes que nous avons en face de nous ne sont pas des objets d'observation mais des humains, avec une histoire de vie, des caractéristiques qui leur sont propres et qui viennent d'une manière ou d'une autre faire écho à notre propre humanité. Ils nous touchent, nous énervent parfois, nous laissent perplexes, nous posent question… Quoi qu'il en soit, ils nous impactent. Et c'est en cela qu'écrire sur eux, c'est aussi parler de soi.

On repère ce qui nous interpelle. Nous ne sommes alors pas extérieurs à ce que nous observons, mais partie prenante. Parler de l'autre, c'est se rencontrer. En ce sens l'écrit parle d'une rencontre, d'une histoire commune.

C'est dans l'acceptation de cette part de subjectivité que nous pouvons accompagner véritablement dans un positionnement juste et honnête.

Faire fi de ce que je suis, et s'extraire de l'équation reviendraient à ôter toute une partie du contexte. Nous sommes là, avec ce que nous sommes et ce que nous sommes influence forcément l'autre, son envie de se protéger, de se tenir à distance ou de se laisser aller en confiance. Et alors en fonction de ce que nous sommes, ce qui se dessine peut revêtir tant de nuances différentes, pourtant c'est bel et bien la même personne qui est présente dans la situation.

C'est ainsi qu'en réunion parfois, nous nous retrouvons à parler des mêmes personnes avec des points de vue si différents. Parce que ce que nous transmettons, nous appartient et parle en partie de nos propres repères, représentations, ouvertures d'esprit ou limites, de notre sensibilité, de notre histoire, de notre âge, de notre genre parfois. Impossible de ne pas considérer cette part subjective au risque de leurrer tout le monde.

La vérité supposée de l'autre n'est qu'interprétation qu'il faut bien se garder d'ériger comme vérité suprême.

Chacun sait que pour qu'une plante pousse, il faut la planter à une certaine saison, l'arroser régulièrement, l'exposer de telle façon au soleil.

Chacun sait que pour qu'une entreprise fonctionne, il faut choisir le bon projet en rapport avec les besoins du moment, y consacrer du temps et une gestion appropriée.

Bref, chacun sait que, quel que soit le domaine, pour croitre du mieux possible, il y a différents facteurs qui doivent être considérés : dans un premier temps le potentiel de base et ensuite les actes posés pour en tirer le meilleur.

Il y a bien sûr des paramètres qui peuvent compromettre l'évolution et la réussite (un vice caché, une crise financière, une maladie etc), mais il n'est pas difficile de constater que la plupart du temps, quand la plante meurt, quand l'entreprise périt, cela est le résultat d'un entretien inadapté de la part de l'humain. Chaque projet en évolution nécessite présence, attention, implication, positionnement, décision de la part des individus.

Rien ne se fait seulement au gré du hasard et du vent...

Tout le monde sait que pour que les enfants grandissent en bonne santé, il est préférable de bien les nourrir, de façon équilibrée et à rythme régulier. Permettant ainsi à leur corps de se développer sans carence. Ceci est majoritairement su et accepté. Mais lorsqu'il s'agit de développement affectif et psychologique, l'idée semble bien plus complexe à comprendre.

D'où viennent la confiance en soi, l'estime de soi, la curiosité, l'envie de grandir, de découvrir, d'expérimenter, d'être en relation avec l'autre ?

L'enfant arrive au monde avec un bagage qui lui est propre mais une partie de ses ressources et de ses limites, dépend de l'environnement, de la façon dont il est accueilli et accompagné. Bien sûr, nombreux sont les paramètres qui entrent en considération et nul ne peut prédire la façon dont chaque enfant va réagir en fonction de l'environnement qui lui est proposé. Mais il n'est pas difficile d'anticiper que l'humiliation, la brutalité, l'incompréhension, le rejet, la non-acceptation de ce qu'il est, l'infantilisation… risquent d'amener des conséquences négatives.

J'aime l'enfant pour ce qu'il est aujourd'hui, c'est à dire un être en construction. Et pour tout ce qu'il deviendra demain. J'accepte de lui dire « non » pour le protéger des dangers ; J'accepte de le frustrer quand son envie n'est pas réalisable ; J'accepte qu'il m'en veuille quand les règles posées l'indisposent ; J'accepte d'être son mauvais objet parce que je tiens ce rôle par amour et respect de ce qu'il est : un être qui pour se construire a besoin d'un cadre structurant, accompagnant, limitant et porteur à la fois.

Accompagner un enfant nécessite de penser à son avenir et semer de quoi l'aider à grandir et devenir un être responsable, rempli d'outils pour parcourir la vie. L'amener vers l'exploration du monde pour se détacher et grandir ! Aimer vraiment, c'est vouloir le bien de l'autre, et accepter que leur bonheur ne réponde pas toujours à nos besoins.

Aimer un enfant, ce n'est pas le "laisser tranquille", et grandir au gré du vent et de ses envies, c'est l'accompagner, le guider, l'entendre, lui permettre d'être en relation avec ses pairs et donc lui transmettre les codes de relation à l'autre, le respect, les limites, la confiance en soi, la confiance en ses potentialités.

L'enfant nous prend presque instinctivement en modèle, son immaturité l'obligeant à se remettre entièrement aux adultes qui l'entourent. Ce que l'on fait, nos attitudes et ce que l'on dit, les mots que l'on emploie ont un tel impact sur leur construction. Pas toujours simple d'accepter cette responsabilité. Savoir que nous imprimons pour toujours des traces positives et négatives sur les enfants, peut en freiner certains à ne pas trop s'impliquer ou s'engager. Mais le retrait est également un message. La neutralité n'existant pas en matière de relations humaines, accepter d'assumer que nous sommes l'environnement de l'autre, que rien n'est sans conséquence est un pas fondamental dans la co-construction de nos chemins. Prendre pleinement sa place est une nécessité qui permet à chacun d'exister.

Prendre notre place d'adulte, c'est aussi reconnaître la sienne en tant qu'enfant, et avoir une place est véritablement fondamental.

On a tous une part de responsabilité dans ce qui se passe dans la relation à l'autre. Et tant mieux parce que cela signifie que nous avons tous une place et une part de pouvoir. Ne pas avoir de responsabilité, c'est subir et se considérer victime. Et victime, c'est aussi un rôle.

Penser que seul l'autre est responsable et donc coupable, c'est perdre tout son pouvoir. Accepter de prendre ses responsabilités, c'est confrontant parfois mais tellement libérateur. Cela redonne le pouvoir d'agir, de bouger, de changer les choses, d'exister.

Cela permet de sortir de la passivité.

Ainsi quand un enfant rentre de l'école et se plaint de ce qu'il s'y est passé avec un autre enfant ou un instituteur, j'accueille son ressenti et une fois qu'il m'a exposé ce que l'autre a fait de mal à ses yeux, je lui demande comment lui a réagi. Non pas pour chercher d'éventuelles fautes, mais parce que chacun joue sa part dans les conflits. Et mesurer très jeune sa part de responsabilité, c'est découvrir son pouvoir d'agir sur les relations, c'est prendre confiance en soi, sortir du statut de victime.

Les enfants que l'on place en victimes de ces autres enfants que l'on case donc, par la même occasion, dans un rôle de bourreaux, sont enfermés, bloqués. Ils subissent et peinent à voir qu'ils ont le pouvoir d'agir, de proposer, de dire non, de bouger.

Aucune de ces cases n'est confortable, ni être considéré victime, ni être considéré persécuteur. Ces cases enferment alors que les humains évoluent, se construisent, se découvrent si tant est qu'on les laisse faire et qu'on leur donne les outils pour aller à la rencontre d'eux-mêmes et des autres.

Si un enfant rentre avec écrit "bavardage" sur son carnet. S'il dit que sa voisine n'arrête pas de lui parler, c'est probable que ce soit vrai mais si c'est écrit également dans son carnet, c'est qu'il lui répond et rentre dans son jeu. Il pourra s'épuiser à expliquer à l'autre de se taire pour la faire changer, ou il pourra prendre ses responsabilités et ne plus lui répondre, apprendre à se concentrer en faisant abstraction du bruit, et ainsi développer ses propres capacités à s'adapter.

On développe son pouvoir interne en prenant ses responsabilités. On en perd beaucoup à penser que seul l'autre est coupable de tous nos maux.

Je rêve du jour où chacun saura se demander qu'elle a été son influence dans la situation qu'il vit, quand chacun aura conscience de son pouvoir et cessera donc de cliver le monde en bien et mal, gentils et méchants.

Et parce que je rêve de cela, et que j'ai conscience qu'on a tous un rôle à jouer pour construire ce monde, alors j'invite les enfants à se responsabiliser tout-petits.

Si chacun pouvait prendre la mesure des enjeux relationnels, les relations humaines seraient tellement plus équilibrées.

Tu es née différente alors ils t'ont considérée plus fragile. Instinctivement, ils ont voulu te protéger à leur manière. Ils ne t'ont jamais lâché la main, ils ont agi tes gestes, ils ont anticipé et pensé pour toi, ils t'ont empêchée de tomber, et donc de te relever, de tester, de découvrir par toi-même, ils ont traduit, adapté l'environnement.

J'ai alors vu, un jour, apparaître devant moi, non pas une petite fille fragile mais fragilisée, démunie.

Une partie de moi éprouve de l'empathie pour ceux qui ont, sans aucun doute, fait de leur mieux. Mais une autre partie de moi hurle intérieurement que des adultes recouvrent les enfants de leurs propres peurs, qu'ils les remplissent de leurs propres limites. L'enfant a besoin d'être accompagné, soutenu, guidé et non amoindri, fragilisé, démuni, limité.

J'aimerais très sincèrement avoir le cœur complètement ouvert pour accueillir les adultes dépourvus, ce que je fais majoritairement. Mais je dois reconnaître que parfois les difficultés des enfants provoquées par les adultes me déchirent l'intérieur et font naître de la colère en moi.

J'ai une tout autre vision de la protection. En imaginant que tu sois plus fragile du fait de ta différence, et tu l'étais effectivement en arrivant en face de moi, j'ai mis en place de quoi t'apprendre à te solidifier. J'ai posé volontairement des obstacles pour que tu apprennes à tomber et ainsi que tu découvres comment te relever. Je t'ai vu sourire, fière de tes capacités. Tu as peu à peu appris le sentiment de réussite. Je t'ai lâché la main pour que tu relèves la tête et observes ton environnement. Tu as alors développé la soif de la découverte, de la curiosité. Je n'ai jamais répondu aux questions que tu ne posais pas, t'invitant ainsi à mobiliser ton esprit pour être en interaction. Je n'ai pas décodé les mots que tu mâchais, je t'ai invité à les prononcer pour que ce soit compréhensible.

Je suis sans aucun doute beaucoup moins douce que ton entourage. Je suis exigeante et mon exigence te dit : *"Tu es capable, je crois en toi"*.

Pour une raison qui m'échappe encore parfois, les gens pensent que tu ne peux pas, que tu n'y arriveras pas, que c'est trop difficile pour toi. Bref que tu es extrêmement limitée en tout et pour tout !

Soit tu acceptes ce verdict limité et limitant, soit tu relèves la tête et l'esprit et tu leur démontres qu'ils ont tort !

Non mes yeux ne voient pas mieux que les tiens petite fille... Fais-toi confiance... Crois en toi... Ne me demande pas de voir à ta place... Observe le monde, tente de comprendre et si tu en as besoin, appelle moi et nous partagerons... Mais ne me demande pas de voir et penser pour toi, tu en es capable... Cesse de croire les gens qui te laissent penser que tu es incapable... Ils ont tort et n'en mesurent pas les conséquences.

Fonce, ose, lâche ses chaînes dans lesquelles ils t'enferment, malgré eux.

De quoi ont besoin les êtres pour grandir, pour se construire ? Qu'on considère leur potentiel, quel qu'il soit, qu'on les encourage à faire, à découvrir, qu'on les motive à être pleinement.

Qu'on leur dise : "Je sais que tu es capable, je vais te montrer, tu vas le faire à ta manière, et je t'aiderais si tu as besoin", pour accompagner, et aider à grandir.

Faire à ta place, c'est t'empêcher d'apprendre. C'est t'envoyer ce message permanent : *"Comme tu n'es pas capable, je fais pour toi"*.

Et c'est aussi dire parfois : "Comme tu risques de rater et que je ne supporte pas ta différence, je fais à ta place pour masquer l'écart qui te différencie des autres, pour que cela se voit moins. Parce que ton échec, c'est aussi mon échec et j'ai honte"... Cela revient à dire "Je ne t'accepte pas comme tu es".

Chaque parent espère que son enfant soit heureux, c'est une évidence. Mais que veut dire Etre heureux ?

S'accepter, non pas avec résignation mais avec sérénité. Accepter ses forces et ses faiblesses avec le courage et la volonté de repousser les limites qui empêchent de bien vivre. Etre sans cesse en évolution pour répondre à ses besoins et participer à son bonheur, se sentir responsable de son chemin. Savoir lier des relations équilibrantes et épanouissantes, être porté vers l'extérieur.

Un adulte équilibré et heureux, c'est alors en grande partie un enfant bien accompagné vers l'acceptation de ce qu'il est en tant qu'être singulier, un enfant guidé vers l'autonomie, vers des lendemains libres.

C'est un enfant que l'on remplit de confiance en soi parce qu'on le laisse faire des erreurs pour apprendre à se relever pour mieux réussir.

Alors pour accompagner au mieux les enfants, nous avons le devoir en tant qu'adultes ne nous consolider, d'accepter nos erreurs pour accepter les leurs ; D'avoir confiance en nous pour croire en eux ; Prendre du temps pour nous, pour être plus disponibles pour eux.

N'attendons pas que leurs réussites réparent nos erreurs... Sinon ils risquent seulement d'être notre miroir brisé !

Je t'invite souvent à dire *« Je sais faire seule, laisse-moi faire ! » « Non !» « J'aimerais faire cela ! »*, pour que tu deviennes sujet et non objet, une personne à part entière, non pas seulement le prolongement d'autrui.

On me regarde souvent étrangement, moi qui t'invite à refuser, demander, choisir, vouloir ! Te permettant une forme de rébellion quand la société attend majoritairement des enfants dociles et sages. Comme quoi, nous sommes tous l'étranger de quelqu'un !

Comme tu l'as compris, je suis bien plus combattive que passive, alors j'irai toujours dans le sens de l'évolution. Tu as le droit de refuser ce chemin, je ne te l'imposerai jamais, mais personne ne devrait t'imposer d'aller dans le sens de la dépendance à autrui, de l'incapacité.

Quand tu fais la même bêtise que les autres, l'institutrice réprimande tout le monde sauf toi !? Non, ce n'est pas une chance, c'est un affront ! Bien souvent les gens te mettent à part parce qu'ils ont pitié ! Tu es d'accord pour provoquer la pitié ?

Non ! Alors montre que tu es capable, qu'elle a tort de te limiter ! Donne, vis, exprime, concentre-toi, avance malgré les obstacles.

Et viens te ressourcer près de moi quand tu fatigues d'avoir à lutter contre leurs peurs, leurs limites, ce mini espace dans lequel ils t'enferment. Parce que ce sont leurs limites, pas les tiennes.

Je refuserai toujours de m'y enfermer avec toi, avec eux. Ce n'est pas mon choix...

Et toi aussi, tu as le droit d'en faire un !

Choisir...

— *Que veux-tu pour toi même ? De quoi as-tu besoin pour te sentir heureuse ?*

— *Qu'il me considère et me respecte.*

— *Là, tu me dis ce que tu veux que l'autre soit pour toi. Mais tu ne me dis pas ce que toi, tu veux pour toi même et ce dont tu es capable pour y parvenir ?*

— *Je veux qu'il arrête de me parler comme il le fait, qu'il arrête de me rabaisser, qu'il s'intéresse à moi.*

— *Mauvaise nouvelle, je n'ai pas de don ni le pouvoir de faire changer quelqu'un qui n'est pas là. Mais je peux t'accompagner vers tes ressources, tes capacités pour que toi tu participes à ton bonheur. Je ne peux ni changer les chefs tyranniques de ceux qui me disent les subir, ni empêcher un homme violent de frapper celle qui me dit ne plus en pouvoir, ni faire parler le mari silencieux dont la femme me dit souffrir de solitude...*

L'autre est ce qu'il est et agit dans le respect de sa logique, qu'elle soit juste ou non. Seul celui qui va mal, et veut que cela change, peut bouger. Et c'est d'ailleurs dans l'action de bouger quelque chose en soi-même que l'on retrouve son pouvoir. Attendre que l'autre change pour enfin être heureux met dans une position de passivité et amène à subir. Les choses changent quand on agit, pas quand on subit. Agir commence par faire des choix. Rester ou partir, parler ou se taire, accepter ou refuser, voir ou fermer les yeux. Il n'y a pas de bonnes réponses, mais décider de se *positionner permet déjà de devenir acteur, de prendre le pouvoir sur sa vie. Monte sur scène, dis-moi quel rôle tu veux jouer !? Sauf si tu préfères rester dans la salle à regarder le spectacle se jouer malgré toi !? Quel que soit ton choix, je serai là, mais il te faut faire un choix... C'est dans ce premier pas que se trouve ton salut !*

Quand la communication oublie de soulager et allonge la liste des maux :

Quand ils te parlent d'eux, de ce qu'ils ressentent, de ce qui les traverse, ils veulent juste que tu aies la capacité de les écouter, que tu entendes que ce qu'ils te disent est important pour eux. S'ils t'en parlent, c'est pour le déposer, le partager, se sentir mieux d'avoir été reçus. Ils n'attendent pas que tu les fasses changer d'avis, que tu les recadres ou que tu trouves tous les stratagèmes leur démontrant qu'ils ont tort d'éprouver cela. Qui aide t'on finalement quand on cherche à minimiser le ressenti de l'autre ? N'est-ce-pas une manière de se protéger soi-même !?

Ils ne te demandent pas ton avis sur le bien-fondé de ce que leur corps et leur cœur traversent. Ils te demandent d'avoir la sagesse, la grandeur d'âme d'accueillir et non de juger.

Quand ils viennent te dire qu'ils saignent, cela ne les réconforte aucunement que tu leur dises que cela ne sert à rien de saigner. Quand ils te disent qu'ils sont très angoissés, cela ne sert à rien de leur renvoyer que c'est stupide d'angoisser pour si peu. Au moment même où tu leur fais ta démonstration de l'inutilité de leurs ressentis, le goutte à goutte a bien lieu et ton rejet de la situation ne cautérise rien. Le mal est là, et le faire taire ne l'efface pas. Juger le ressenti de l'autre ne panse aucune de ses plaies. Au contraire même, à la douleur s'ajoute celle du rejet, de la solitude.

Tu aurais probablement réagi autrement, ou ressenti autre-chose. Evidemment, l'autre n'est pas toi et tu n'es pas l'autre. Les gens n'ont ni tort ni raison d'éprouver ce qu'ils éprouvent. C'est ainsi…

Accueillir l'altérité est la base du respect. Ecouter et entendre sans jugement est la base de l'accompagnement.

Faire ce pas de côté pour sortir de notre cadre de référence et percevoir le fonctionnement de l'autre est ce qui permet de cheminer ensemble.

Avoir les bras suffisamment ouvert pour accueillir l'autre tel qu'il est, offre déjà un vrai soulagement.

C'est un accusé-réception dont ils ont besoin pas d'un retour de leur colis complètement déchiré et renvoyé dans l'état.

Juste un accusé-réception…

Rencontre dans les profondeurs…

T : J'ai toujours aimé échanger avec les gens intéressants, mais mes proches trouvent que je ne parle pas assez. En particulier ma compagne.

A : J'ai pourtant découvert une personne qui s'exprimait avec beaucoup d'aisance et d'intimité. Ta femme a raison de t'inviter à cela, je crois que c'est une clef fondamentale du chemin à parcourir ensemble.

T : *Je ne suis pas très bavard dans la vie de tous les jours. Mes proches me le disent toujours. Ça m'énerve. Mais c'est vrai. J'ai toujours été comme ça. Personne ne me connaît vraiment. J'ai par ailleurs toujours autant d'empathie pour les autres et aide dès que je peux.*

A : Alors les gens perdent le meilleur parce que c'est une de tes plus grandes qualités ! Ne prive pas les gens de toute cette subtilité et de cette capacité à considérer l'autre. Je crois que si tu es bien entouré, tu as tout à gagner à partager en profondeur, à entrer en intimité. Je crois vraiment que c'est à cet endroit précis que les relations sont les plus savoureuses. Ne les prive pas de tes profondeurs !!

T : J'ai vraiment beaucoup de mal avec le partage de mon intimité. Plus que cela même. Mais je n'arrête pas d'écouter les autres.

A : Si je laisse parler mon intuition, je me dis que ce qui empêche les gens de se montrer complètement, c'est la peur d'être jugé, de ne pas être accueilli avec respect. Ou alors c'est une incapacité d'expression, mais là, je doute fort que ce soit ton cas ! Nombreuses sont les personnes à qui les mots échappent, comme une carte en moins dans le jeu de la relation à l'autre. Ces personnes sont comme démunies, comme si s'exprimer était une épreuve dont elles ne maîtrisent pas les codes. Mais il me semble que ce n'est pas ton cas.

T : Aider les gens à exprimer leurs sentiments est très facile pour moi mais le contraire l'est beaucoup moins. Pas envie d'importuner les gens avec ce que je ressens.

A : Je crois beaucoup à la loi de réciprocité. A mes yeux, la force du lien et la générosité sont tant dans la capacité à recevoir que celle de donner. Comme un équilibre entre ces deux mouvements. Quand une personne ose me parler d'elle, elle me donne une vraie confiance et permet à la relation d'être si profonde. Bien sûr, pour cela il faut être avec des gens qui ont plaisir à connaître l'univers de l'autre, sinon cela ne fonctionne pas effectivement. Mais si les gens de ton entourage t'en font la remarque, c'est qu'une partie de toi leur manque, c'est probablement qu'ils ont envie de cheminer avec toi. Ce que tu traverses, ce qui te questionne, ce qui fait de toi un être sensible. Je trouve cela enthousiasmant de partager cet espace-là ! Sinon les relations restent en superficie et quel dommage surtout quand on est doté de tant de richesses ! Ce ne serait pas juste que tu ne puisses exister pleinement.

T : Je parle peu mais j'ai une existence intérieure très riche.

A : Je suis sûre de cela ! Et je crois que la partager multiplie le gain. On ne peut effectivement pas partager cette profondeur avec tous, ce sont des espaces précieux et rares qui indiquent la valeur des relations à mes yeux. La relation prend toute sa dimension quand on peut être accueilli complètement dans nos failles et nos forces et également recevoir l'autre de cette manière. Je comprends que ta femme t'invite à cela, tout comme j'entends que cela t'embête de ne pouvoir y répondre. J'imagine que si ton entourage t'en fait la remarque, c'est qu'ils sont prêts à t'accueillir. Ce n'est pas toujours une démarche simple quand on a particulièrement appris à intérioriser, mais c'est une belle expérience humaine. Bien sûr, il est judicieux de choisir ses interlocuteurs, ceux qui savent accueillir pleinement permettant de se sentir entier, respecté, aimé. Il s'agit d'éviter les personnes qui n'ont pas les bras complètement ouverts afin de ne pas cultiver la peur d'être incompris ou rejeté. J'espère que tu pourras un jour t'exprimer avec plaisir sur ce qui te traverse, ce qui t'habite profondément pour vivre ces espaces d'intimité et permettre à ceux qui t'aiment de te rencontrer vraiment. Ce serait dommageable pour tous de se priver de cela.

T : Pas si simple de trouver ces personnes. Peu de gens savent écouter. J'ai donc peu d'occasion de parler.

A : Effectivement comme tu dis, ce n'est pas simple de trouver des personnes qui savent vraiment écouter. Ecouter vraiment suppose de se décentrer pour se brancher sur l'autre et ce n'est pas si simple. Cela offre des moments de magie d'autant plus forts. Je supporte bien mieux les relations de superficie, depuis que je sais que dans certains espaces, la profondeur est possible. Tout cela, me rend plus patiente, plus tolérante parce que je sais que ces espace-temps existent aussi et je te les souhaite.

T : Tu sembles tellement zen et équilibrée dans ta vie. J'envie ton parcours.

A : Je crois que mon parcours m'a poussé à rechercher l'équilibre justement. Et surtout l'envie de changer la couleur du paysage. Il y a des choses que l'on ne maîtrise pas, qui nous tombe dessus malgré nous, mais nous avons le choix de ce que nous en faisons. Quand j'ai compris cela, tout a changé pour moi. Je me suis sentie actrice et pas seulement sous le coup d'un trop plein qui n'en finissait jamais. En reprenant les rennes, j'ai gagné en confiance parce qu'il y a une chose dont je n'ai jamais douté, c'est en moi. Je suis ma meilleure alliée alors de ce fait, j'ai moins peur, je suis plus tranquille. Je sais que je peux compter sur moi et c'est une bonne nouvelle ! Cela me permet de moins attendre de l'autre et de prendre ce qu'il peut donner, sans être déséquilibrée par ce qu'il n'est ou n'a pas.

HISTOIRES DE VIE

Comment donner ce que l'on n'a pas reçu...

Son enfance a été enveloppée de silence, aucun mot n'est venu donner d'explication aux situations qu'elle vivait. Elle a observé, accepté, fait avec ce que la vie lui apportait, sans questionner, sans remettre en cause. Elle a traversé la vie telle qu'on la lui proposait. A appris très longtemps après, que ce repas auquel elle avait assisté, enfant, était en fait le remariage de sa mère. Personne ne lui avait nommé cet événement. Le silence était roi.

Comment mettre des mots, expliquer, s'exprimer quand on a grandi dans le silence !? Comment répondre aux questionnements de ses enfants quand on ne nous a pas appris à parler, à échanger, à questionner !? Ne rien dire a fait partie de son éducation, de sa construction. On lui a transmis du silence, de l'acceptation sans mot. On ne l'a pas faite taire mais on ne lui a pas parlé non plus. A l'époque, c'était ainsi. Alors elle a fait pareil avec ses enfants. Elle a agi, a géré sans mot, sans explication. Elle peut percevoir le mal-être mais se tait, ne questionne pas, comme une zone de respect de l'intimité de l'autre.

Et puis, que faire du malheur de l'autre quand on n'a pas de mot !? Elle fonctionne également ainsi pour elle-même, elle accepte, subit parfois, souffre aussi. On ne lui a pas appris à questionner ni à se révolter, alors elle fait avec.

Elle peut se plaindre parfois, mais juste en surface, juste pour s'exprimer mais sans jamais laisser de place à une quelconque action qui changerait sa condition. Elle l'a acceptée comme telle et n'envisage, même pas en pensée, de la modifier, de dévier de cette trajectoire. C'est son rôle de subir, d'accepter sans rien dire…

Ce qui s'inscrit dans l'enfance entrave parfois, souvent même, l'émancipation de ces générations qui ont été élevées dans le silence, dans cette absence de mots qui lorsqu'ils circulent permettent de bouger les lignes… et favorisent aussi la rencontre de l'autre et de soi.

Quand les blessures d'enfant conditionnent nos vies d'adultes...

Il a été rejeté jeune par sa famille, a dû affronter seul le monde, traverser des doutes, des embûches, découvrir la liberté et ses contraintes quand on n'est pas protégés. Il s'est forgé, s'est construit au gré des rencontres, les bonnes et les mauvaises, sa vie s'est remplie de souvenirs, de voyages, d'anecdotes. Malgré toutes ces années de vie, d'errance et d'expériences, rien n'a jamais remplacé l'amour et la reconnaissance non reçus de ses parents durant toutes ces années. Elle a toujours été la plus grande de ses quêtes : être accueilli, reconnu et aimé par sa famille. Avoir le droit d'avoir une place, faire partie du clan, être l'un des leurs, être relié, appartenir. Parce qu'appartenir est un des besoins fondamentaux de l'humain. Les liens, l'amour sont les carburants essentiels qui permettent de traverser la vie de manière équilibrée.

Etre rejeté, ne pas se sentir aimé par les siens, s'excuser d'être soi, de ne pas être à la hauteur des attentes provoquent des blessures profondes.

Alors, devenu adulte, il a récupéré tout ce qui lui avait tant manqué plus jeune, il est revenu chercher, se remplir de tout ce dont il avait été privé. Il a tenté de prendre sa place, a tout fait pour la mériter, pour en profiter enfin, pour se récupérer, pour se sentir bienvenu, attendu, aimé. Et pour cela, il a beaucoup donné pour espérer recevoir.

Il a vieilli depuis, a vécu, a tout traversé, a été blessé, heureux aussi, accueilli, réinvesti... mais encore aujourd'hui, chaque message sans réponse, chaque cadeau sans retour, chaque main tendue qui ne rencontre pas l'autre, ravive cette blessure profonde d'avoir été rejeté, abandonné.

Il a changé d'âge, a muri, s'est renforcé, mais il reste en lui un enfant blessé, meurtri qui se demandera toujours s'il a sa place et s'il a le droit d'être aimé.

L'enfance est décidément le socle de nos vies d'adultes, dont il faut prendre soin pour que le chemin soit le plus équilibrant possible…

Cet homme soumet les autres en les faisant taire, en reniant leur avis, leur positionnement, et donc leur possibilité d'exister différemment en dehors de ses volontés à lui. Ainsi il les empêche d'être, mais surtout il s'isole.

Ce qui apparait comme de la persécution cache souvent de la peur.

Certaines personnes de son entourage s'y soumettent et acceptent de se taire, de le laisser croire qu'il a raison en toutes circonstances et finalement réservent les échanges, les liens chaleureux et agréables à d'autres, le privant ainsi du plaisir d'être dans les relations respectueuses et aimantes. D'autres n'acceptent pas cette soumission et coupent le lien pour ne pas avoir à subir cette apparente toute-puissance. Cet homme passe alors sa vie à croire que le lien à l'autre ne peut exister que dans la menace, la soumission, les vexations. Les gens qui se soumettent à sa provocation lui prouvent alors qu'il a raison de le croire puisqu'ils l'acceptent, comme si rien d'autre n'était possible.

Je ne crois pas que cet homme soit mauvais et qu'il prenne plaisir à vouloir le mal des gens. Je pense que cet homme a manqué cruellement d'amour, qu'il a été maltraité et responsabilisé très jeune. Qu'il n'a pas eu sa part de douceur, de tendresse, d'amour. Ne se sachant pas aimable, il se rend mal-aimable. Il ne pense pouvoir obtenir de l'attention qu'en menaçant. Lui n'est pas méchant mais ce qu'il dit, l'est ! Je comprends les origines de son comportement, ce n'est pas pour cela que je dois accepter insultes, critiques, agressions verbales. Ce n'est pas ainsi que j'aime communiquer et être en lien. C'est d'ailleurs justement parce que je comprends l'origine de sa violence, que je ne m'y soumettrai pas. Répondre par la soumission à ses menaces, c'est lui confirmer qu'il ne peut être en lien qu'en provoquant de la peur. Je crois que je peux l'apprécier pour sa sensibilité et ne pas lui laisser croire jusqu'à la fin de ses jours qu'il n'est bon qu'à faire peur et blesser.

Que se passerait-il si les gens exprimaient leur mécontentement, leur désaccord face à l'humiliation et la menace qu'il impose, l'invitant ainsi à faire autrement, à prendre un autre chemin ? Il est probable qu'il les mettrait dehors tant l'affront remettrait son identité en cause. Pourrait-il vivre absolument seul sans aucun lien ni affectif ni physique ?! Je ne le crois pas. Je pense que ce n'est que face aux conséquences d'éloignement, de retrait, de refus des gens qu'il aurait été dans l'obligation de se remettre en question.

Vous dîtes : « *Il en est incapable, il ne se remettra jamais en question, il doit toujours avoir raison sinon il ne supporte pas et vire les gens»*. Je crois probablement davantage en lui que vous. Vous croyez que l'aimer signifie se soumettre à ses lois, et que moi je ne l'apprécie pas parce que je les refuse !! Différence d'angle de vue. Il est possible que ce soit sa seule façon de tenir debout, de ne pas être ébranlé dans sa toute-puissance. Je crois toutefois que la solitude dans laquelle cela le plonge quand les gens l'écoutent à peine, le fuient, lui donnent l'illusion d'avoir raison juste en proposant leur silence est bien plus préjudiciable à terme que la confrontation. Contrairement à vous, je le crois capable d'aller sur une autre voie relationnelle. Il est bloqué et bien plus apeuré derrière sa persécution que réellement puissant, mais je le crois intelligent. S'il aimait tant que cela cette place de persécuteur, il approuverait ce style de comportement et en parlerait comme une force, or il critique et désapprouve les gens qui se comportent ainsi. Il donne régulièrement la preuve qu'il n'a pas les armes pour changer de comportement, qu'il ne sait pas être autrement et non qu'il trouve cela confortable. S'il était heureux dans sa position (non-)relationnelle, j'aurais juste à dire que cela ne me correspond pas et poursuivre ma route à distance. Sauf que j'entends dans ses mots, dans son comportement qu'il est inconfortable, que cela ne correspond pas à ses valeurs, c'est donc qu'il lui manque la possibilité concrète de faire autrement, de prendre un autre chemin que celui qu'il connaît déjà. Difficile de changer de repères, même si ceux-ci sont néfastes. L'inconnu fait peur.

Un enfant qui n'a connu que la maltraitance, fait parfois tout pour qu'on le malmène à nouveau, pour se sentir en lien, tel qu'il le connait. Est-ce confortable pour autant ? Sans aucun doute non ! Mais il ne sait pas comment être en lien autrement que dans la souffrance. L'idéal est-il de lui donner ce qu'il provoque, c'est-à-dire de la violence ou l'inviter à être en lien d'une autre manière, l'inviter sur un autre terrain ?!

C'est à cet endroit délicat et précis que se situe mon choix : je ne peux accepter de laisser une personne dans une position si inconfortable de solitude et d'isolement relationnel en le laissant penser que la relation à l'autre ne peut fonctionner que de cette manière dévalorisante, humiliante, rejetante. C'est peut-être sa réalité, ce n'est pas la mienne et je refuse d'y participer en l'état. Tant pour moi que pour lui !

Je le crois bien plus intéressant que ce rôle de bourru, obtus et méchant. Je refuse de le suivre dans sa dictature, et l'invite sur un autre chemin. C'est son comportement que je refuse, pas lui.

Elle ne deviendra pas mère...

Elle m'explique que son plus fort regret n'est pas de ne pas être devenue mère mais celui de n'avoir pas pu vivre ce bonheur de l'amour et de la stabilité qui aurait fait naître un enfant.

Faire un enfant, mettre au monde un être, l'inviter dans la vie est LA décision la plus importante à ses yeux, une décision qui nécessite désir mais également conscience.

Aimer un homme est une chose, le faire père de ses enfants en est une autre.

Elle a parfois aimé très fort en tant que femme, pas en tant que mère, dans cette alliance éternelle. Faire un enfant, c'est s'unir à vie à un être en tant que parent. C'est choisir un homme et également une belle-famille qui deviendra la famille de l'enfant. Elle n'a pas trouvé l'environnement équilibrant qui lui aurait permis d'être mère.

Elle a préféré faire le deuil de la maternité plutôt que mettre un enfant dans ce monde si brutal parfois, cette famille, ces non-dits, ces relations déséquilibrées. Elle n'aurait pas supporté de voir souffrir son enfant de ces héritages familiaux.

Elle a aimé en tant que femme, pas en tant que mère. Elle n'a pas trouvé le père, ni la famille de ses enfants !

Elle a choisi de ne pas devenir mère parce que c'est une décision qui engage une part d'inconscience qu'elle n'a pas.

- *Tu es fâchée avec moi ?* Me demandes-tu de toute ta crédulité.

- Non je ne suis pas fâchée contre toi, mais tu as raison, je suis en colère. En colère contre les grandes personnes qui pensent que les enfants sont trop petits pour comprendre...Et qui de ce fait, ne leur expliquent rien ! En colère contre les grandes personnes qui pensent que les enfants sont incapables. Et qui font donc tout à leur place.

Tu as raison, c'est quand je suis en face de toi que je suis énervée parce que tu es dépourvue face aux actes les plus élémentaires de la vie quotidienne. Je suis animée intérieurement que tu sois si perdue quand il s'agit d'effectuer des choses simples. Que tu ne puisses marcher "seule" sans t'agripper à une main comme si tu étais en laisse ou avec une perfusion. C'est de te voir ainsi démunie qui me met en colère. Mais ce n'est pas après toi que je suis fâchée, tu es à la place que l'on t'a donnée : une jolie poupée qui dit oui, que l'on pose là, que l'on trimbale ici et là, que l'on trouve mignonne parce qu'elle rigole tout le temps. Je suis très mal-à-l'aise avec ce rapport qui m'apparaît déséquilibré et alors c'est la colère que tu vois apparaître dans mes yeux et mon attitude crispée. Mais ce n'est pas contre toi que je suis fâchée.

J'aimerais rencontrer l'enfant que tu es, la personne que tu es, sauf que tu te présentes seulement comme le prolongement des adultes qui t'entourent. Et je n'arrive pas à te rencontrer. Cela me met en colère et m'attriste aussi. Si je te parle si souvent, si je te demande ton avis, si je te propose d'être en désaccord avec moi chaque fois que cela te fait « non » à l'intérieur de toi, c'est parce que j'ai envie de te rencontrer, que tu t'autorises à être. Tu es une personne, pas un objet ! J'aime les êtres animés d'humanité, et pour cela, il faut qu'ils aient été considérés en tant que tel. Oui, la passivité de l'enfant me met en colère mais je sais que ce n'est que le résultat du pouvoir de l'adulte. Comme si l'enfant n'était qu'un assisté, un mini humain incapable.

"Il est trop petit, il ne peut pas, il ne sait pas, il ne comprend pas..." ??!!

"A partir de quand le considérerez-vous capable ? Quand il aura tellement intégré qu'il est incapable qu'il n'osera plus rien agir ?"

Oui je suis en colère... En colère qu'on réduise les enfants, qu'on les incapacite, qu'on les considère si limités. Je suis en colère quand tu fais l'objet, la poupée, quand on t'empêche de remplir ta tête et ton corps d'expériences, de savoir-faire, de compréhension.

C'est le résultat que je vois sur toi qui me fâche, pas toi ! Et c'est l'impossible rencontre qui m'attriste autant...

Tu es un jeune homme, grand, souriant, accueillant, communicatif, plein de vie, tu aimes le sport, tu adores voir tes amis, tu es proche de ta famille, tu t'investis dans ton travail… Et tu aimes les hommes.

Tu me racontes la gorge serrée, les mots à peine audibles tant le souvenir de cet instant terrible résonne encore dans ta tête et dans ton corps. Tu ne comprends pas pourquoi au détour d'une rue, tu as été agressé au point de finir en réanimation. Tu m'en parles recroquevillé, en t'excusant d'être submergé par les émotions, comme si l'expression de ton ressenti était presque impudique. Cela fait déjà tellement longtemps que l'on te reproche d'exprimer ce que tu es. Tu as intégré que montrer ce que tu ressens est presque un tort.

Certains te disent avec beaucoup d'empathie que c'est inadmissible d'avoir été agressé pour ce que tu es. Ce n'est pas vrai ! Tu n'as pas été agressé pour ce que tu es. Tu as été agressé pour ce qu'ils sont. L'agression ne parle pas de toi, elle parle d'eux. De leurs limites, de leurs incompréhensions, de leurs peurs, de ce qu'on leur a transmis et qu'ils n'ont jamais remis en question.

Certains disent qu'il y a des pays où l'on peut choisir qui l'on aime en toute liberté !! Mais ce n'est pas un choix !! On peut choisir de le dire, le montrer, le déclarer oui, mais on ne choisit pas qui l'on aime, qui nous attire. S'ils avaient le choix, je crois que les personnes concernées ne choisiraient pas de se réveiller un matin et de vivre une vie de rejet, d'agression, de moquerie, de jugement !? Il y a plus paisible comme choix.

Je rêve du jour où les êtres n'auront pas à s'excuser d'être, d'aimer, de vivre, de s'épanouir, de s'accomplir, d'être vivant, sans que cette vie ne puisse faire l'objet d'un quelconque jugement de valeur et encore moins d'une menace de mort.

Lorsque j'ai demandé de tes nouvelles, on m'a immédiatement parlé de tes provocations verbales, ton visage crispé, ton amaigrissement, cette attitude entre la défensive et l'attaque, dont il est difficile de discerner l'humour et l'explosion imminente. Cette façon toute particulière que tu as d'amener avec toi un sentiment de malaise qui laisse les gens démunis face à toi.

Devant cette description, j'ai reconnu ta détresse et cette protection que tu mets en place depuis si longtemps pour ne pas craquer, donnant parfois l'impression que tu repousses les gens alors que tu aurais tellement besoin de soutien.

Quand je te vois avec cette carapace qui apparaît comme de la provocation, je vois la petite fille qui souffre. Cette petite fille que tu étais et que tu portes encore en toi aurait eu besoin de se sentir accueillie avec ses fragilités, pouvoir dire *« j'ai peur »*, *« j'ai mal »* *« je ne vais pas bien »* *« je suis épuisée »* mais tu n'as pas trouvé l'écoute, la compréhension et la chaleur des bras d'adultes.

Il est vraiment difficile de se construire positivement quand cette base est bancale, voire absente dans les moments cruciaux de la vie d'un enfant. Les adultes devraient pouvoir regarder les enfants avec bienveillance et amour inconditionnel pour les aider à prendre confiance en eux, à avancer sereinement et se sentir soutenus en toute situation.

Sauf qu'être face à l'enfance soulève bien des bouleversements qui empêchent parfois les adultes de se montrer adaptés, à l'écoute, patients, attentifs, réceptifs, réactifs…

Cela signifie-t-il qu'ils n'aiment pas les enfants !? Je ne le crois en rien. Ce sont juste d'anciens enfants, pas toujours guéris de leurs propres blessures, qui laissent sur les plus jeunes des traces qu'ils emmènent jusque dans leurs vies d'adultes.

J'ai longtemps été poursuivie par certains manquements de mon propre parent, ses inconstances, ses fragilités. Et bien que son instabilité m'ait finalement poussé à construire ma maturité, je sais également d'où proviennent mes insécurités. Il m'aimait pourtant de toutes ses fragiles forces mais il était humain et parfois inadapté. J'ai d'abord passé davantage de temps à l'excuser plutôt qu'à écouter les douleurs que je traînais. Puis un jour, on m'a invité à accepter d'éprouver de la colère, pas en tant que femme aujourd'hui mais dans le rôle de l'enfant que j'étais et qui a si souvent tu ce qui la brûlait. On m'a appris à considérer que mes demandes d'enfant étaient légitimes, que j'avais le droit de hurler combien j'avais souffert parfois de ses limites et que j'aurais tellement préféré que ce soit autrement.

Les parents n'ont pas l'obligation d'être parfaits mais les enfants ont le droit de le réclamer et de crier combien cela fait mal quand ils ne le sont pas.

Quand on tait ses douleurs, que l'on cherche à les masquer, c'est souvent contre nous qu'on les renvoie et alors on souffre à nouveau, telle une double peine.

Il arrive que le dialogue puisse s'instaurer d'adulte à adulte mais bien souvent cela reste complexe. Accepter d'avoir été manquant pour ses enfants est une des choses les plus difficiles à admettre et à ressentir en tant que parents.

Il y a des choses que mon parent n'aurait jamais pu comprendre et entendre. Mais en acceptant moi-même ma colère et mes douleurs d'enfant, j'ai pu en guérir, j'ai pu lâcher tout ce qui me blessait pour avancer, libérée de ces attentes. Tant que l'on espère toujours que nos parents vont réparer leurs « erreurs », on est encore dans notre rôle d'enfant et on ne peut alors pas investir nos vies d'adultes, construire, avancer, et à notre tour accueillir nos enfants avec leurs propres peines.

A travers l'expression de ma colère, j'ai pu lâcher mes douleurs et réparer le parent que j'avais intériorisé, je pouvais désormais créer à l'intérieur un bon parent pour moi. Je n'attendais alors plus le changement de l'extérieur mais j'ai découvert le pouvoir de changer les choses de l'intérieur pour y inscrire un sentiment agréable, libéré.

C'est après avoir tout expulsé, que j'ai pu vraiment me sentir en lien positif avec lui, comme si tout était bien plus clair désormais. Comme si, une juste distance s'était mise en place pour me permettre de le regarder avec plaisir et non plus la tête dans une histoire étouffée par la souffrance ou la rancune.

Je sais désormais que ma douleur d'enfant était légitime et que j'ai bien le droit de l'exprimer (à quelqu'un qui peut l'entendre !) et je sais aussi, plus fort que tout, que je ne veux plus en subir les conséquences aujourd'hui. Je veux mener la vie qui me semble juste pour moi, pour l'homme que j'aime (qui n'a pas à payer cela) et mes enfants (sur lesquels je n'ai pas envie de faire peser le poids de mes blessures). Il n'y a qu'en faisant ce travail réparateur que tu pourras faire le deuil de ce parent dont tu aurais eu besoin et encore aujourd'hui. C'est quand j'ai accepté que mon parent ne pouvait être autrement, qu'il faisait sans aucun doute ce qu'il pouvait avec ce qu'il était, que j'ai pu prendre ce qu'il savait donner et aller chercher ailleurs ce qu'il me manquait. J'ai pu m'ouvrir à ce qui me faisait du bien quand j'ai lâché l'envie que cela vienne de lui.

De ce fait, je me sens moins en manque et libérée d'une attente infinie.

Je te souhaite de pouvoir parcourir ce chemin libérateur pour, un jour, te sentir en lien serein avec tes parents et les adultes en général. Que cette souffrance sorte de toi pour guérir et ainsi être pleinement heureuse dans le lien.

En accédant à ce changement de l'intérieur, tu pourras devenir ta meilleure alliée et tu sauras prendre soin de toi. Derrière ta carapace souvent déroutante pour les gens, je vois la petite fille en toi et à travers ces mots, je lui tends la main pour prendre soin d'elle… jusqu'à ce que tu puisses prendre le relai.

Elle a passé son enfance à regarder ses parents vivre, ne pas se comprendre, se blesser parfois, devenir chaque jour des étrangers l'un pour l'autre. Elle les a regardés se faire mal malgré eux, tant leurs différences les éloignaient. L'un tenant la barre pour que le navire familial arrive au port, et l'autre activant les intempéries mettant le fragile équilibre en péril. Prise dans cette embarcation malgré elle, elle a tangué avec eux, tant qu'elle n'avait pas le choix

Tout au long de son enfance, cette petite fille s'est secrètement promis de se donner les moyens de vivre autrement, de se fabriquer une autre vie d'adulte, de ne jamais se sacrifier dans une vie qui ne lui correspondrait pas. Elle a alors pris son mal en patience, attendant le moment où elle pourrait construire un chemin proche de ses valeurs, de ce qui lui semblait bon pour elle et ceux qui marcheraient à ses côtés.

Après avoir passé son enfance comme une étrangère dans un milieu qui la heurtait bien souvent, elle s'est fait la promesse que sa vie d'adulte, sa liberté de choix, serait différente. Vivre et ne plus subir. Elle a accepté cet environnement qui lui paraissait souvent étrange, déstructurant, comme étant leur choix à eux, pas le sien. C'était leur chemin, elle était dedans parce qu'elle était née à cet endroit mais un jour elle marcherait autrement, ailleurs, à sa manière. Elle s'est intérieurement accrochée à ses valeurs pour tenter de rester intacte. Elle a appris à devenir spectatrice pour ne pas se laisser happer. Elle a majoritairement réussi à se respecter en empruntant des sentiers qui lui convenaient. Son métier, ses passions, ses rencontres lui ressemblent. En tant que personne, elle poursuit sa route dans cette cohérence qui lui tient à cœur.

Et pourtant, construire un autre chemin quand les pierres qui l'ont jalonné jusqu'à lors sont si cabossées, n'est pas si simple. Aller vers un ailleurs quand tous les réflexes poussent à retrouver le connu, le déjà vécu, ce qui servait de repères, est un véritable exercice d'acrobatie… Qui demande réflexion, conscience, réécriture parfois.

Quand devenue adulte, elle est rentrée chez elle et qu'elle a senti tous ses organes se serrer à nouveau, elle a compris qu'elle n'avait pas changé de roue et qu'elle continuait de tourner dans le même sens. Dans un environnement qui la meurtrissait et lui rappelait de si mauvais souvenirs. Tant qu'elle était seule, elle parvenait à cultiver intérieurement tout ce qui lui semblait juste, agréable, respectueux, accompagnant, mais elle n'a pas pu empêcher le grand écart en rencontrant l'autre. Quand la relation à l'autre s'est construite dans le déséquilibre, pas si simple de tout réinventer. Elle s'est alors dangereusement approchée à nouveau d'un quotidien si éloigné de ce qui était bon pour elle. Lutter toute son enfance pour préserver son intérieur, activer ce mouvement de protection, était devenu son équilibre. Elle est alors retournée, malgré elle, dans ce tourbillon qui active ses défenses vitales.

Comme un instinct de survie, elle s'est subitement agitée, comme apeurée, terrorisée même, pour ne pas revivre tout ce qu'elle s'était évertuée à quitter.

Elle a pensé à l'avenir, aux enfants qu'elle aurait peut-être. Si elle n'avait pas eu le choix de l'environnement auparavant, comme tout enfant d'ailleurs, elle l'avait désormais. Et elle savait comme une évidence que l'envie de fuir ne devait plus jamais faire partie de son quotidien.

Elle savait qu'elle ne pouvait changer le passé, mais elle s'est faite la promesse de protéger son avenir…

Dans notre société, lorsque l'on devient parent, une des premières préoccupations que l'on rencontre au-delà du bien-être de notre nouveau-né, est la séparation qui s'annonce si vite après la naissance. Cet être que l'on a porté, qui nous paraît si fragile encore, va devoir accepter d'autres bras chaleureux pour l'accueillir durant des heures. Cette réalité inhérente au statut de parents en France est d'une brutalité infinie.

Alors trouver une personne de confiance, à qui on peut laisser ce petit être auquel on tient plus que tout, est fondamental pour l'équilibre de tous.

Lorsque je suis entrée chez elle, j'ai tout de suite su que ce serait elle. Il faut cette évidence qui parcourt entièrement. Le moindre doute n'est pas permis dans cette décision si impliquante. J'avais refusé des RDV juste en entendant la voix des autres assistantes maternelles, parce que mon intuition m'alertait. Il faut que tous les voyants soient au vert pour s'engager dans une telle relation qui n'a pas d'autres choix que devenir une relation de confiance.

Elle m'a tout de suite plu, je me suis sentie bien chez elle, avec elle. Elle n'a pas seulement accompagné mes enfants durant des années, elle m'a également accompagnée dans ma parentalité, dans ma capacité à lâcher prise pour m'investir dans mes missions professionnelles. Elle a toujours su donner ce qu'il y avait de plus juste en tant que personne relai, avec plaisir, bonheur, respect du rôle de chacun. Son sourire dès le matin me rassurait, ainsi que le plaisir de mes enfants à la retrouver, leur manière d'en parler, de la réclamer, leur envie de prolonger la journée à ses côtés quand je revenais, sa juste position entre implication et respect de chaque parent.

Etre assistante maternelle implique un tel engagement. Elles partagent leur maison, leur espace, leur famille, leur rythme quotidien. Leur espace de vie devient celui des autres durant des heures, elles l'adaptent pour accueillir au mieux les enfants et leur famille. Elles accueillent des enfants d'âges différents avec des besoins divers et doivent y répondre dans un certain isolement.

C'est sans aucun doute la personne la plus précieuse dans ma vie de maman. Je lui passe le relai en toute confiance avec la certitude que mes enfants sont en sécurité, respectés, accompagnés et heureux de leur journée. Quel privilège !

Ces personnes qui consacrent leur journée à s'occuper des enfants des autres au sein de leur foyer font partie intégrante de l'équilibre des familles. C'est sur elles que l'on compte lorsque nous avons des imprévus, des heures à effectuer, un besoin de repos, un autre enfant qui arrive, de la fièvre…

Comme elles ne sortent pas de chez elles chaque matin pour aller travailler, elles manquent parfois de reconnaissance dans tout ce qu'elles font, donnent et transmettent. C'est un métier presque invisible et pourtant si essentiel.

Quand mes enfants courent pour venir chez vous, j'ai chaque fois envie de vous dire Merci, merci d'être si chaleureuse, engagée et heureuse de les accueillir. Vous leur offrez des instants de vie si importants, vous leur permettez de vivre leurs premiers moments de socialisation, de découvrir que la vie à l'extérieur du foyer est une belle aventure. Mes enfants n'attendent pas que j'arrive, elles ne passent pas leur journée à patienter, à compter les heures, elles s'amusent, rient, chantent, grandissent, partagent des moments précieux. Vous faites partie intégrante de la vie de nos enfants et des nôtres.

Merci d'exercer votre métier avec tellement de joie et d'implication. Vous avez facilité ma vie de maman en participant au bonheur de mes enfants.

A Cristina et sa famille

Et toutes ces Assistantes Maternelles,
et Professionnels de l'Enfance
qui exercent leur métier avec engagement et
professionnalisme.

Lieu refuge...

Son corps va de l'avant mais quand elle me parle, son regard est dans cet ailleurs. Avec émotion, elle me raconte :

« C'était mon espace, mon endroit. Mon lieu, ma liberté, mon refuge, mon rythme, mon histoire. J'y ai emménagé alors que je traversais l'enfer. Je suis arrivée en souffrance et je m'y suis reconstruite. Peu à peu, à ma manière, à mon rythme. J'aimais ce lieu. Savoir qu'il existait me rassurait. Comme un cocoon, un endroit rempli de mes valeurs. Tout petit mais si rempli. Je me sentais chanceuse de l'avoir. J'aimais vivre cette tranche de vie dans cette ville si spéciale, si rapide et poétique à la fois. J'y ai trouvé tant d'inspiration, de renouveau, de possibilités. Comme si toutes les portes étaient ouvertes. Quand j'ai quitté cet espace, j'ai perdu une part de cette liberté, de cette inspiration, de ce rythme bercée par la richesse du lieu. J'ai eu le cœur serré et les larmes au bord du cœur de perdre cette possibilité de refuge. Mais j'ai ouvert les bras aux lendemains. J'ai accepté d'avancer, d'être assise sur une chaise, pas deux, pour ne plus être au milieu et jamais vraiment nulle part. J'ai fait le pas en stockant dans un coin de mon intérieur toutes les sensations qui m'avaient aidée à me construire, à me sentir libre ».

Il n'est pas simple de quitter, de partir mais c'est souvent nécessaire pour aller vers... Emmenant avec soi cette part de refuge intérieur.

Ne pas se rendre compte...

En observant ton corps douloureux exprimer les blessures de ton âme, je t'ai dit : *"Il ne mesure pas le mal qu'il t'a fait"*

Tu as répondu d'une manière si juste et percutante : *"C'est justement cela que je lui reproche : Ne pas se rendre compte"*.

Cette non-reconnaissance de tes blessures, t'amène à te demander si tu existes pour lui ; Si tu comptes ; Si ce que tu ressens a sa place dans sa conscience ?

Elle est là ta blessure la plus cruelle : ne pas te sentir exister pour lui. Qu'il est douloureux pour un enfant, même devenu adulte, de ne pas être reconnu dans ce qu'il a enduré, traversé, quand son parent ne prend pas la responsabilité de ses actes.

Il faut une force incroyable pour parvenir à devenir un bon parent pour soi-même, meilleur que celui qui a tant esquivé son rôle.

Elle te pense, elle t'imagine. Pas seulement toi en tant qu'être mais surtout la relation qui vous unira, le lien que vous créerez, la complicité et les désaccords qui jalonneront vos vies.

Elle existe aujourd'hui, en tant qu'être, seule. En lien avec autrui mais une entité unique, fille de ses parents, amoureuse d'un homme, amie de ses amis. Mais indépendante, adulte, responsable d'elle-même, seulement d'elle-même.

Penser à toi, à ta future existence lui envoie en force l'idée de ce cordon qui va vous unir durant neuf mois et de manière plus invisible ensuite, toutes les années qui vont suivre. Elle ne sera plus seulement adulte et indépendante. Elle sera la mère d'un être… à vie. C'est une idée étrange pour elle, presque envahissante parfois. Reliée à un autre être pour toujours. Il y a du merveilleux dans cette idée-là et quelque chose d'étrangement trop parfois.

Elle aime être en lien, de toutes ses forces, elle aime cela. Mais elle aime aussi tellement, les moments de repli, ses moments à elle, à sa manière, à son rythme, dans son univers intérieur, avec ses couleurs, ses mots, ses ressentis. Quand elle peut regarder le monde à travers ce trou de serrure fait sur mesure pour elle.

Qu'en sera-t-il quand tu existeras ? Elle se demande si tu existeras dans tous ses recoins, et s'il y aura toujours une part de son esprit occupé par toi, comme le disent toutes les mères. Situation qui lui apparaît parfois déstabilisante, mais envisager une vie entière sans te rencontrer l'est encore davantage.

Elle connait le souci de l'autre, au point d'avoir déjà usé une bonne partie de son quota d'altruisme, d'empathie, de patience. Et de vouloir cultiver la relation à l'autre par petites touches sporadiques. Envisager qu'un être ait besoin d'elle, compte sur elle, soit dépendant d'elle l'oppresse parfois. Elle n'a pas la crainte de ne pas être à la hauteur, elle sait qu'elle sera normalement imparfaite et investie.

Sa crainte n'est pas pour l'autre, mais pour elle. Peur de perdre sa liberté intérieure, d'être envahie des besoins d'un autre, du rythme d'un autre. Prendre soin des autres, elle sait faire et elle promet toujours de faire de son mieux.

Prendre soin d'elle, de son équilibre, de son espace, de ses besoins, est beaucoup plus complexe et c'est une démarche qui lui demande une certaine concentration pour ne pas oublier.

Je l'invite à se faire la même promesse qu'à toi : Faire de son mieux pour prendre autant soin d'elle que de toi…

...Et nous fait passer de victime à bourreau.

Ils ont tous souffert de solitude relationnelle, d'impossibilité d'exprimer leurs ressentis et d'être reçus avec bienveillance durant l'enfance. Pas d'espace d'expression, de réflexions communes, d'écoute, de sentiments exprimés avec évidence. Ils ont eu tout matériellement mais il leur a manqué la chaleur humaine, l'amour inconditionnel nécessaire aux enfants. Ils ont alors appris à se construire seuls, dans le silence de leurs souffrances, gérant comme ils pouvaient les épreuves qui jalonnent la vie.

Devenus adultes, ils sont désormais incapables de s'apporter mutuellement ce qui leur a tant manqué. Allant même jusqu'à perpétrer ce schéma de solitude, de distance sentimentale. Loin d'imaginer que chacun d'entre eux souffre de la même chose. Ils se côtoient parfois, se croisent, mais ne se connaissent pas. On ne leur a pas donné les outils relationnels pour se parler, s'entraider, se rencontrer. Alors ils avancent chacun dans leur vie, avec leurs carences chevillées au corps et au cœur. Ils rencontrent des épreuves et ne demandent pas d'aide, parce qu'ils n'ont pas été habitués à en recevoir. Cette solitude relationnelle les a endurcis, non pas comme une force mais comme un bouclier qui empêche d'accéder à leur part tendre et humaine. Ils se ressemblent beaucoup à travers la virulence dont ils font preuve, comme une arme de défense obligatoire pour tenir debout. Alors qu'ils auraient tellement besoin d'être contenus avec douceur, bienveillance, chaleur humaine.

Ils ont tous besoin d'être réparés, mais sont dans l'incapacité de se réparer mutuellement. Ils ont tous besoin que l'on voit leurs capacités, leurs réussites, leurs bons côtés ; Ils ont tous besoin d'être valorisés, reconnus. Parce qu'ils ont souffert d'avoir été souvent jugés sévèrement, trop peu considérés tels qu'ils étaient. Malgré cela, ils ont tendance à s'infliger le même sort, comme un repère.

Les loyautés familiales ont la dent tellement dure…

Recette pour devenir belle-mère : Un vrai délice !!

Voici quelques ingrédients inattendus de cette vie de recomposition dans laquelle on se décompose parfois !!

Difficile d'imaginer les émotions qui nous traversent tant qu'on n'a pas endossé ce costume parfois si peu confortable. Quelqu'un y aurait-il laissé les aiguilles de la confection dans la doublure ?? Dénoncez-vous !!

Devenir belle-mère, c'est découvrir à chaque instant toute la palette émotionnelle qui va avec !

D'ailleurs, je ne sais d'où peut bien venir ce mot "belle", vues toutes les représentations négatives qu'il y a depuis la nuit des temps autour de cette position. Une bonne majorité des contes tournent autour de la méchanceté, l'aigreur, la jalousie, la beauté perdue des belles-mères. Serait-ce la voie toute tracée de celles qui s'aventurent dans ce rôle ?!

L'amour pour cet homme et l'élan évident envers les enfants m'ont guidée dans cette voie sans appréhension, avec l'élan positif de celle qui aime les nouveaux défis. Jusqu'à ce que j'entre dans le vif du sujet (sauf que c'est moi qui ai fini à vif parfois !).

Il y a ce que l'on s'imagine, ce que l'on espère et… La vraie vie ! L'ignorance de ce qui nous attend coûte cher à l'élan d'amour qui nous y engage.

Voici quelques étapes de la recette de la vie de Belle-mère :

Dans un 1er temps, cet homme qui te fait craquer, auquel tu ne cesses de penser, tu ne le vois que le mardi et le vendredi parce que les autres jours, il est papa. Tu oublies donc vite ton envie de devenir sa princesse, parce qu'il en a déjà une dans sa vie ! Et crois-moi, elle s'avère bien plus coriace que toute la concurrence blonde, rousse, brune réunie.

Tu oublies les effets surprises si envoûtants, les retrouvailles imprévues parce que sa vie est déjà réglée. Inutile donc de débarquer quand il ne te l'a pas dit, au risque de te faire recalée à l'entrée (t'as pas de couettes, tu ne rentres pas !!). Encore plus draconien qu'en boîte VIP. Et oui, parce que la star de sa vie, elle est déjà en place.

Une fois qu'il a fini de câliner sa merveille, qu'elle s'est allégrement endormie sous ses papouilles et qu'il prend donc un peu de temps pour t'appeler, tu ne lui parles pas du film que tu viens de regarder toute seule sous ta couette, parce que lui, il a regardé Dora l'exploratrice. Et tu ne lui parles pas non plus d'autres choses, parce que les enfants sont formidables pour éloigner toute intruse et elle l'appelle toutes les minutes parce qu'elle veut son Papaaaaaa !

Dans un 2ème temps, quand il sent que l'histoire d'amour en vaut la peine, que tu as été assez forte pour ravaler toutes tes frustrations, tu as le droit de mettre un pied dans leur vie. Mais attention, pas trop vite, vas-y doucement ! Tu dois en permanence réguler tes ardeurs, trouver la bonne vitesse pour n'effrayer personne. Pourtant à ce stade, crois-moi, c'est toi qui devrais déjà avoir peur !

Et là, confrontation bien violente à la vie quotidienne de l'autre. Pas le temps de se chercher, d'apprendre à connaître les habitudes de chacun, de s'imprégner l'un de l'autre, de s'influencer pour construire un espace commun où chacun s'y retrouve. Nooon ! Quand une personne en rencontre deux d'un coup, c'est elle qui suit, qui observe la vie déjà mise en place et qui s'y adapte... Et avec le sourire s'il-vous-plaît !

3ème temps : A ce stade, tu as déjà perdu tout élan naturel, tu as été bien freinée dans toutes tes initiatives. Tu arrives encore à sourire mais c'est déjà un peu crispé. En général, tu es assise, dans tous les sens du terme, et ce n'est pas plus mal parce que tu vas passer un lonnnng moment à observer et surtout à t'adapter.

Tu vas observer cet homme qui t'a attiré, sous un autre angle. Tu vas d'abord l'admirer pour toute cette tendresse et cet amour qu'il donne à son petit-trésor-d'amour-adoré. Puis, tu vas sentir monter en toi cette question lancinante : « Euh, c'est quand mon tour ? ». C'est sympa à observer la tendresse, l'attention, les papouilles, mais c'est encore mieux à vivre, non ?!

Mais comme tu es adulte et bien élevée, tu vas être ravie qu'il soit un bon père. C'est siii mignon ! En parallèle de ces bonnes pensées, tu vas sentir que ton corps se crispe sans trop comprendre pourquoi. Tout va bien, qu'y a-t-il ? Il n'est pas disponible demain, c'est normal, il a sa fille ! Il ne peut pas te parler, c'est normal sa fille dort à côté ! Il n'a pas entendu ce que tu viens de lui dire, c'est normal sa fille l'appelle !

Mais oui, tout va bien ! C'est tellement normal qu'il s'occupe de sa fille. A ce stade, tu en es encore convaincue. Les enfants, c'est précieux et il joue son rôle à merveille ! Tu commences juste à sentir que ça pique un peu, que le bout de tes ailes se fane… Mais tout va bien !

Puis vient le temps où cet enfant que tu respectes, que tu ne veux pas bousculer, qui est si important pour l'homme que tu aimes t'apparaît de plus en plus comme un obstacle pour vivre pleinement ta relation amoureuse. Il n'a pas seulement une place d'enfant, mais il prend toute la place au milieu des adultes, puisqu'il est devenu le centre de sa vie. Et là, cela commence à faire RRRRR à l'intérieur de toi. Tu souris toujours mais le coin gauche de ta bouche se crispe malgré toi dès que tu sens sa petite main se glisser entre celle de ton amoureux et la tienne. Tu vois, tu commences vraiment à ressembler à la belle-mère des contes pour enfants !! C'est la naissance de ton double visage. Une sacrée découverte de ta part d'ombre dont tu ignorais jusqu'à lors l'existence. Parce qu'avant, la vie, les rencontres ne t'avaient pas encore permis d'explorer cette part de toi. En bref, tu n'avais encore rien vu !

Cette adorable petite fille veut montrer qu'elle est là ! Quoi de plus normal !? En même temps, il n'y a pas de risque qu'on l'oublie !

4ème temps : Tu découvres chaque jour le chemin que tu vas devoir parcourir pour te faire à la situation, pour y trouver des instants agréables et apprivoiser tous les autres !

Tu te réjouissais d'être parcourue par le sentiment amoureux, sauf qu'en le rencontrant lui, tu n'avais pas imaginé qu'il était bien plus que cela : tout un package ! Dans ce nouveau jeu dans lequel tu viens de t'embarquer, je demande l'enfant, la mère de l'enfant, les grands-parents et tutti quanti !! Plus on est de fous, plus on rit… Ou pas !!

Cela fait du monde dans cette histoire qui peine à être votre histoire puisqu'elle est déjà écrite et que tu n'as le droit que de ponctuer occasionnellement par des petites virgules discrètes. Un décor bien chargé de couleurs, plus ou moins agréables à regarder, et parfois totalement incompatibles. Et bien peu de place pour toi, pour ce « nous » en construction !

A ce stade, Tu mesures pleinement que tu ne t'attendais pas du tout à entrer dans une situation si chargée d'informations auxquelles tu n'aurais rien à dire.

Parce qu'au fond qui es-tu !?

Une femme-amoureuse d'un homme-déjà-père-d'une-petite-fille-qui-a-une-mère !

Un énorme intitulé dont trois tout petits mots t'appartiennent : Une femme amoureuse !

5ème temps : Tu vas souffler bien des fois pour retrouver ton air, puis comme ton amour pour cet homme est fort, tu vas apprendre la patience…en serrant les dents. Tu vas tenter de prendre des repères en respectant chacun, parce qu'en acceptant d'aimer un père, tu savais que tu entrais aussi dans la vie d'un enfant et l'envie était là. Tu vas peu à peu accepter de faire le deuil de la relation idéale et entrer de force dans la vraie vie. Tu vas t'accrocher pour en tirer le meilleur, en te projetant aussi dans ces moments où sa vie ne conditionnera plus la tienne.

Pas si simple ce rôle de recomposition. Pas si simple de faire valoir ses droits quand on a tellement de devoirs : devoir être présente et attentive tout en étant effacée et pas trop impliquée. Devoir gérer la culpabilité de ne pas toujours trouver cela génial alors que c'est si mignon un enfant. Devoir attendre, respecter chacun, comprendre… Bref, la liste est longue !

Ni les 9 mois de gestation pour s'y préparer ni le temps nécessaire pour construire son couple avant d'être à la tête d'une « famille ». Grand saut dans la vie de belle-mère ! Attention, il n'y a pas de filet, si tu tombes, tu t'écrases…

Alors dans cette recette, il faut prendre le temps de bien mélanger tous les ingrédients, faire chauffer raisonnablement, sortir à temps avant que ça crame, ne pas tout manger au risque de faire une indigestion, mettre quelques petites décorations pour y mettre ta touche personnelle, et en apprécier les saveurs, même si c'est un peu épicé sur certaines bouchées.

Et tout ça, ce n'est que le début. La suite au prochain épisode, petit à petit… Digère un peu d'abord ! ;)

Tout ce qu'elle aimerait te dire… Et que tu ne peux pas entendre !

Elle aimerait pouvoir te raconter tout simplement, elle aimerait pouvoir t'écrire librement. Mais ses émetteurs ne rencontrent pas tes récepteurs. Elle essaie parfois… Et regrette souvent !

Ses mots sincères rencontrent ton ironie. Ses émotions rencontrent ton rejet. Ses lumières rencontrent tes ombres. Ses mots de liaison rencontrent tes points finaux ! Ses mots font liens et les tiens rejettent. Alors elle a fini par se taire. Ses mots et leurs significations se sont éteints.

Les mots sont comme des caresses pour elle quand il s'agit de sentiment, mais on t'a appris à les utiliser comme des couteaux. A chaque coup porté, les blessures se sont faites de plus en plus profondes. Cela pique vraiment fort, et même une caresse finit par faire mal quand la blessure est trop étendue.

Quand elle a eu trop mal de se taire, d'étouffer dans ses silences, elle est partie pour te perdre et pour se retrouver !

Se sentir aimable...

Dans mes activités professionnelles qui ont toutes en commun d'être à la croisée des rencontres humaines avec son lot de complexités, d'émotions, d'empathie, j'entends souvent cette problématique :

— Je suis tellement happée par le ressenti de l'autre que je n'arrive pas à faire valoir mes besoins et à aller au bout de ce que je ressens pour me faire entendre. Donc chaque fois que je traverse quelque chose de difficile, je bloque dans la conversation, par crainte de déstabiliser l'autre, de le piquer, que ma réalité le bouscule. Risquer de déranger me fait radicalement taire ! Comme une impossibilité de rester centré sur moi ! Comme si le ressenti de l'autre avait toujours davantage d'importance que le mien. De peur de heurter, je m'enferme très souvent dans un silence destructeur. Je me suradapte, je me terre, je me contorsionne pour ne pas déranger. Comme si ce que j'étais, pouvait avoir un pouvoir destructeur. Alors soit je me renie complétement en me fondant dans la réalité de l'autre et je finis par ne plus exister, soit je laisse grandir l'agitation tant le silence est lourd à porter. J'aimerais tellement me donner autant d'importance que ce que je donne à l'autre. J'aimerais tellement m'autoriser à penser à moi, à prendre ma place. Me mettre ainsi de côté, en retrait est épuisant. Je me sens généreux mais également frustré et en souffrance.

— Que se passerait-il si vous heurtiez l'autre ?

—J'aurais peur qu'il me rejette, qu'il m'abandonne. En fait, je donne à l'autre l'attention que j'aimerais recevoir. Et j'avoue qu'il m'arrive de leur en vouloir de ne pas fonctionner comme moi.

— Souhaiteriez-vous qu'ils vous accordent la place que vous n'osez pas prendre ? Leur demandez-vous de faire ce que vous ne savez pas faire : vous considérer !? »

— ...Vous avez raison, c'est comme si je ne me légitimais pas moi-même. M'adapter et me taire sont une manière d'acheter le lien, comme si je ne pouvais pas l'obtenir en étant aimé pour ce que je suis.

Les apparences sont parfois trompeuses. L'empathie extrême, l'abnégation, la générosité relationnelle ne sont parfois que le masque qui cache la peur de ne pas être aimé...

POSITIONNEMENT

Choisir le bon combat...

— *Arrête de faire des problèmes !*
— *Je ne les fais pas, ils existent déjà. Je les dénonce, je les mets en lumière et c'est ce qu'ils renvoient qui vous gêne. Suis-je responsable que ces douleurs existent, que les gens souffrent autant ? Sans aucun doute, non ! Mais je me sentirais responsable de ne rien dire, de ne rien faire, d'accepter tout cela en silence, comme une normalité, sans m'insurger, sans dire combien je désapprouve.*

Je ne suis pas d'accord que Mohammed soit obligé d'inscrire Paul sur son CV pour obtenir un entretien...

Je ne suis pas d'accord pour que les personnes de couleur noire soient obligées de se mettre au fond du bus pour ne pas croiser les personnes de couleur blanche...

Je ne suis pas d'accord que les femmes battues soient invitées à la fermer parce qu'on leur dit depuis toujours que le rôle de la femme est de se soumettre aux volontés de l'homme...

Je ne suis pas d'accord qu'un enfant se fasse insulter par son parent sous prétexte qu'un enfant est là pour obéir et se soumettre à l'autoritarisme...

Je ne suis pas d'accord qu'une personne homosexuelle vive son sentiment amoureux en silence de peur d'être lynché...

Je ne suis pas d'accord pour entendre un être se faire dévaloriser, humilier, dénigrer juste à côté de moi...

Je ne suis pas d'accord que des gens soient obligés de se taire au profit de persécuteurs de toutes sortes...

Oui, je m'insurge... Et non, je ne ferme pas les yeux ! Non je ne fais pas comme si rien n'était sous prétexte qu'on ne peut rien faire !!! Ne rien faire, ne rien dire, est un choix !!! Et ce n'est pas le mien !!!

Je ne changerai pas le monde mais je ne contribuerai pas non plus à cautionner ces injustices !!!

Affronter les difficultés de la vie ne me pose aucun problème... Me taire en est un !!

Je suis d'accord pour aller dans un pays en guerre pour en dénoncer l'horreur, pas pour être témoin passif et impuissant ! Je suis d'accord pour entrer dans une structure d'enfants en difficultés si c'est pour les aider, les accompagner, les soutenir, les comprendre... pas juste pour constater les dégâts et prendre cela pour une fatalité !

J'aime les combats de conscience qui dénoncent, qui mettent en lumière. Toutes les injustices m'apparaissent supportables dès lors que l'on peut les dénoncer ! Je suis prête à tout regarder en face, tant que je peux agir, tant que je peux jouer un rôle, pas si c'est juste pour regarder et me taire parce qu'on me le demande. Pour ne pas déranger ceux qui ferment les yeux !

Je ne crée pas les problèmes, je les nomme, les affronte, les met en lumière pour les dénoncer !

Ce devrait être la réalité qui te dérange et te bouscule, pas moi ! M'en vouloir à moi ne permettra aucune avancée... Juste de mener le mauvais combat !

En tant que formatrice, j'accompagne des étudiants et voilà ce que j'entends régulièrement : *"C'est tellement agréable de se sentir en confiance, de sentir que l'on peut émettre des idées sans risquer d'être jugés, moqués, sanctionnés. Vous êtes engagée dans l'écoute et la bienveillance et cela change tout"*.

Je suis chaque fois bouleversée quand, majeurs, vous me dites que personne ne vous a écoutés comme cela, que personne ne s'est intéressé ainsi à vous. Que les personnes qui vous ont marqués positivement, tout au long de votre parcours scolaire, se comptent sur les doigts de la main.

Notre première compétence professionnelle est d'être disponibles, dans ce monde où tout va vite, où les gens courent, n'ont pas le temps, ni pour eux, ni pour les autres. Juste être là, vraiment connectés, attentifs, dans l'accueil. Ce positionnement est déjà une action éducative en soi.

J'aime mes différents métiers parce que j'en sors également enrichie. Je n'aurais aucun plaisir à venir dans une position de savante qui enseigne à des ignorants. Je transmets ce que je découvre en termes de réflexion et en termes d'expérience et j'apprends de vos questions, de vos interrogations, de vos expériences, de vos fonctionnements.

Je ne croise pas les gens, je les rencontre. Je les écoute et les entends. Je les regarde et je les vois. La relation humaine est le cœur de nos métiers alors elle doit être notre priorité. En tant que travailleurs sociaux, psy ou enseignants/formateurs, accompagnants.

On me salue pour mon investissement, mon engagement. La question n'est pas pourquoi je le suis, mais surtout pourquoi ne pas l'être !?

Au-delà de l'évidence qui m'anime quand je m'engage, je déteste me lever le matin et entrer dans une journée ennuyeuse, qui s'écoule sans saveur, alors je fais en sorte qu'elle ne le soit pas. J'y mets tous les ingrédients qui me paraissent essentiels pour que les saveurs soient bonnes. Je n'ai pas la recette miracle, j'ai juste appris ce qui était fondamental pour moi pour que mes journées ne soient jamais inutiles, désagréables ou subies. Si je mène une action, je la mène pleinement parce que j'en ai besoin, c'est ainsi que je me sens vivante et accomplie. Je n'attends pas que la vie me comble, je crée moi-même ce qui me convient.

Lorsque j'ai compris que le pouvoir était entre mes mains, j'ai découvert tout un univers. Je n'ai plus attendue que mon entourage familial, amical, professionnel change pour enfin être heureuse, j'ai opéré moi-même le changement, j'ai cherché ce qui était bon pour moi, je l'ai inventé, créé, façonné. Je suis sortie de la position d'attente, je suis entrée dans l'action... et je suis alors devenue pleinement actrice de ma vie.

Bien sûr, sortir de la passivité veut aussi dire prendre ses responsabilités et accepter que les autres ne sont pas responsables de nos difficultés. Ce n'est pas toujours confortable de prendre ses responsabilités, la facilité nous amène parfois à pointer le projecteur sur l'autre, pour se dédouaner, pour être en position de victime.

Sauf que prendre ses responsabilités nous redonne aussi le pouvoir d'agir, de bouger, d'être en mouvement. Et ce pouvoir est fondamental. Quand j'ai découvert ce pouvoir, j'ai mesuré son impact à tous les niveaux. Je n'étais plus assise, courbée, en attente mais debout, en action, solide.

J'ai misé sur moi, mes possibilités, mes envies, j'ai alors pu m'accomplir en comptant sur moi-même.

Cela contribue également à éviter le poids sur les épaules des autres desquels on attend trop si notre bonheur dépend d'eux. Cela évite la nervosité dans les relations quand il y a de la culpabilité de ne pas parvenir à combler l'autre. Quand chacun prend la responsabilité de son bien-être et de son bonheur, c'est tellement plus accessible et confortable pour tous. Cela modifie son rapport à soi-même et son rapport aux autres. Il y a moins d'enjeux sous-jacents qui polluent bien souvent et entravent la fluidité des relations.

Est-ce que cela veut dire que rien ne m'atteint jamais, que tout coule sur moi sans m'impacter ? Bien sûr que non. Je suis parfois heurtée, étonnée, blessée, bouleversée même... mais je ne croule plus sous ce poids. J'en fais quelque chose, je le transforme en matière pour avancer, mieux me comprendre et comprendre l'autre. Je l'intègre dans le mouvement de la vie.

L'autre a rarement l'envie de nous détruire (sauf cas pathologique) alors je ne lui donne pas ce pouvoir. En revanche, on a tous envie de se sentir bien et d'être heureux, c'est un droit que je prends, et un devoir que j'honore !

Et vous accompagner contribue à mon accomplissement, alors comme une évidence, moi aussi, je vous remercie.

Je cultive autant que possible la sagesse d'accepter ce que je ne peux changer. Bien que cette capacité d'acceptation, me demande encore des efforts tant mon énergie naturelle me pousse à croire coûte que coûte en l'évolution et l'amélioration. Cela fait de moi une partisane active des empêcheurs de tourner en rond. Mais également une exigeante parfois dérangeante !

Cette sagesse de l'acceptation ne me pousse jamais vers le fatalisme, qui m'apparaît comme une stagnation nocive, un rôle de témoin passif qui me fige l'intérieur. « C'est la vie, on ne peut rien y faire » « C'est comme ça et c'est tout » etc… Comme une immobilité interne qui empêche tout mouvement vers le meilleur. Le fatalisme est certainement plus reposant mais il ne me tient pas en vie.

Exigeante ? Oui sans aucun doute ! Cette combattivité et cette croyance en l'évolution fait de moi un être responsable de ses actes, positionnée, engagée, volontaire, courageuse.

Le fatalisme qui envahit certaines personnes me donne l'impression de les voir les pieds et poings liés, comme soumis à un destin imposé sur lequel ils n'auraient aucun pouvoir. Comme irresponsable, victime.

Je n'ai ni tort ni raison. J'aime juste parcourir la vie en tant qu'actrice ! Le spectacle de certains recoins de la vie ne me motivant pas positivement, je me sens agréablement vivante si je peux y mettre ma touche, mes espoirs, mes envies.

C'est l'être humain que je suis. Mon engagement étant à la fois ma force et parfois ma faiblesse.

La souffrance, les défaillances, les manquements, les obstacles ne m'apparaissent jamais comme un état de fait immuable, mais comme une invitation au changement, à l'amélioration, à l'évolution. Comme s'ils se mettaient en scène pour démontrer à quel endroit il faut changer les choses. Des symptômes qui ne servent qu'à réfléchir aux causes pour enrayer leur future existence.

Pour cela, il faut des acteurs du changement et j'ai plaisir à en faire partie. Et même quand la lassitude me guète parce que la tâche est parfois rude, mon élan de vie me ramène dans le combat vers le meilleur.

Partisane du « Que se passe t'il ? Que pouvons-nous en faire ? ».

Je ne sais pas être en vie autrement… et j'accepte mon rôle avec volonté !

Zones d'ombre...

Je connais l'importance d'accueillir avec bienveillance, tolérance, acceptation. Je connais l'impact que peuvent avoir les attitudes des uns envers les autres, que ce soit des adultes envers les enfants, des conjoints entre eux, des collègues etc. Je suis une fervente défenseuse du respect de l'autre, de l'individualité, du droit de chacun à être considéré tel qu'il est. Je défends ces valeurs comme une évidence pour favoriser le développement harmonieux des êtres humains et pour une société plus humaine, moins violente. Je crois profondément que les êtres ont un besoin fondamental de se sentir aimés et accueillis.

Mais qu'en est-il quand un être ne déclenche pas ce sentiment d'acceptation, d'amour inconditionnel ? Comment faire quand on se sent excédée face au comportement si récurrent qu'il finit par empêcher tout lien agréable ? Comment supporter nos propres bras qui se ferment, notre propre cœur qui se serre, cette sensation intérieure qui dit *« Je n'ai pas de plaisir à te voir » « Je me sens si agacée quand tu es là » « Je n'aime pas tes réactions » « Je n'ai pas envie d'être en lien avec toi » « Je ne te comprends pas »* ?

C'est si insupportable de ressentir cela quand on connait la nécessité de la bienveillance et de l'accueil.

J'aimerais être parfaite et avoir le cœur perpétuellement ouvert pour favoriser l'intelligence du lien, je n'en suis pas toujours capable et je le regrette. Tant pour l'être que je ne peux apprécier tel qu'il est, que pour la douleur que ce rejet m'impose. Nous avons tous nos zones d'ombre, je ne les adore pas mais je les accepte comme étant une partie de moi, pas toute mon identité, juste une part de moi.

La relation dans le partage... Comme une évidence !

Je n'envisage la relation à l'autre que dans le partage. S'il n'y a pas d'échange verbal, visuel, intellectuel, sensoriel, affectif, je ne vois aucun intérêt à être en présence de l'autre. La solitude me remplit alors davantage que la présence physique.

J'aime rencontrer l'Autre, échanger verbalement ou physiquement, c'est à cet endroit précis que se situe la relation humaine pour moi.

Si je n'avais plus rien à entendre ou dire à mon conjoint, je le quitterais, la relation n'existerait plus pour moi. Tant que j'aime qu'il me raconte sa vie, son quotidien, ses ressentis, tant que j'ai envie de connaître son avis, de lui narrer mes aventures professionnelles, émotionnelles, je me sens en lien et nourrie. Sans cela, nous ne serions que dans le souvenir de notre histoire, et plus dans la construction de celle-ci.

En tant que mère, ce qui m'enthousiasme le plus dans mon quotidien, c'est de transmettre, voyager, explorer le monde à travers leurs yeux, en discuter. Si c'est seulement pour être côte à côte, sans jamais se rencontrer, sans se connaître, juste se croiser entre deux activités des uns et des autres, je ne vois pas l'intérêt. Il n'y a alors pas de relation pour moi, juste de l'agitation.

Quand je cherche un lieu de travail, je vais là où je peux apporter et recevoir quelque chose, là où l'échange se fait, sinon je ne perçois aucune motivation si ce n'est gagner de l'argent et en ressortir vidée de sens humain.

Si je suis avec des amis et que je ne sais pas comment ils vont, ce qu'ils deviennent, ce à quoi ils aspirent, ce qui les motive et les déçoit, ce qui les rend heureux et ce qui leur fait obstacle… Je sens la relation mourir, disparaître.

Alors je préfère être seule, au sein de mon inspiration, de mon pétillement interne, de mes picotements d'humaine, avec un livre, un crayon ou un bon film. Là où la rencontre se fait, là où je me sens en lien.

Je suis sans compromis dans la relation à l'Autre. La demi-mesure m'use et j'y perds mon essence.

Là où il y a de la qualité relationnelle je suis, sinon je m'efface, je cède ma place pour aller me retrouver.

Il n'y a de relation que dans le partage à mes yeux, sans cela, je me retire parce que je m'éteins comme ce lien invisible, sans vie, sans mots, sans gestes.

La communication est alors fondamentale, elle est l'essentiel de nos vies d'humains.

Au cours d'une vie, on rencontre des personnes qui passent sans bruit. Et d'autres dont les mots résonnent fort. Elles ont l'art de déposer des pépites qui éclairent longtemps le chemin.

Ces étincelles déplacent les limites, ouvrent des portes inexplorées, éveillent une réflexion fondamentale. J'aime beaucoup ces rencontres. J'éprouve beaucoup de gratitude envers les personnes qui enrichissent ma vie, ma vision, mes perspectives. Elles me stimulent, me rendent vivante, pleine, et permettent de donner du sens à mes pas.

L'une d'elle m'a appris à ne jamais banaliser la souffrance d'autrui. A accueillir chaque individu avec la même intention, celle d'entendre les mots et entre les mots pour l'accompagner à la hauteur de ses besoins. Non pas à partir de mes représentations ou de mes filtres mais à partir de l'endroit où se trouve l'autre. A partir de sa réalité.

Même si l'entrevue précédente évoquait un drame familial celui qui arrive ensuite et qui pleure la mort de son animal de compagnie, est également véritablement en souffrance. Aucun ressenti n'est plus vrai qu'un autre, aucun n'est plus légitime ou juste. La souffrance est souffrance et se doit d'être accueillie avec la même intention d'aider à la traverser.

Que des enfants meurent de faim à l'autre bout du monde n'empêchent en rien les souffrances de ceux qui ont chaque jour à manger et qui traversent également des difficultés.

Accueillir le ressenti de l'autre demande de faire un pas de côté pour ne pas se laisser influencer par nos propres jauges d'appréciation. Ce que traverse l'autre, lui appartient et je n'ai pas à le faire mien, en le modelant à ma manière. Je n'ai pas le droit de le déposséder de ce qui lui appartient et fait partie de son histoire.

Telle est le respect fondamental dont on m'a fait prendre conscience un jour et qui me guide avec évidence dans la relation à l'autre.

COUPLE

Deux faces d'une même pièce…

Elle : *Il me hurle dessus dès que j'essaie de lui dire ce que je ressens ! Il ne supporte aucune remarque. Quand j'ose lui dire que quelque chose me déplait, il se transforme, il devient autre, il se défend comme un animal. Comme s'il cherchait à faire taire sous ses cris. Il me fait peur et me contraint à ne plus exprimer mes ressentis.*

Lui : *Je déteste quand elle me fait des reproches, comme si je n'arrivais jamais à la contenter et que je n'étais pas à la hauteur de ses attentes. J'ai l'impression de la décevoir, c'est insupportable ! J'ai peur qu'elle réalise que je suis moins bien qu'elle, qu'elle veuille me quitter. Je deviens fou de rage parce que j'ai peur !*

Elle : *Quand il est comme cela, J'ai l'impression de ne rien valoir à ses yeux.*

Lui : *Quand elle me dit cela, j'ai l'impression d'être un bon à rien incapable de la satisfaire.*

…Les deux faces d'une même pièce, ne se voient pas, et constituent pourtant un même système.

Quand tes parties sombres font loi au contact de l'autre, que sa présence accentue tes failles, tes douleurs, tes manques. Et qu'en réagissant à leurs conséquences, tu deviens ton propre ennemi. Que tu ne parviens même plus à apprécier ce que tu es, tant la colère, la tristesse ou la peur ont pris de la place dans ton quotidien. Quand cette « alliance » te demande de renier ce qu'il y a de plus tendre, de plus enthousiaste ou de plus combatif en toi, c'est que tu es engagée sur le chemin des difficultés relationnelles.

La plus belle des rencontres est celle qui te permet de devenir la meilleure version de toi-même. Quand l'autre reflète le meilleur en toi, quand à son contact, tu te sens lumineuse, joyeuse, enthousiaste, quand tu te trouves belle, généreuse, quand tu es fière de toi. Parce que ce qu'il est en tant qu'être et avec toi, éveille le meilleur en toi ; Parce que le regard qu'il pose sur toi met en lumière tout ton potentiel.

C'est à cela que doit servir la rencontre : permettre de se découvrir sous son meilleur profil. On a tous des zones d'ombre et des parts lumineuses et l'on a tous fait l'expérience de se sentir soit trop-ou- pas-assez-quelque chose, soit complètement à sa place, comme une évidence. Cela ne tient pas qu'à nous, puisque nous sommes la même personne dans les deux situations mais cela dépend en grande partie de la personne qui est à nos côtés à ce moment-là, de ce qu'elle éveille en nous.

Quand la relation est un terreau fertile et que, de cette alchimie nait la plus belle des routes, celle que l'on n'échangerait pour rien au monde, c'est que l'on sait prendre soin de soi et que l'on s'autorise ce bonheur d'être au bon endroit au bon moment.

Tout est tellement plus agréable et simple quand on sait dire « oui » à ce qui est bon pour nous et « non » à ce qui peut nous entraver.

Quand ton reflet ne te convient pas, change de miroir !

Abstinence imposée…

De tactile, câline et engagée, elle me raconte qu'elle est devenue distante et passive. Que s'est-il passé ?

Elle a besoin d'être aimée, désirée, câlinée… et il ne le peut pas ! Il n'aime pas les mots, pour lui les sentiments ne se parlent pas, il n'a pas envie de faire l'amour, ne la touche pas, ne connait pas son corps et ne le cherche pas (sauf pour lui demander de prendre soin de lui !). L'absence de passion, de désir, d'intimité installent l'incompréhension dans sa relation amoureuse. Elle me dit, entre agacement et fatigue, qu'elle a espéré, attendu, essayé, persévéré... Et qu'elle s'est lassée ! Son désir a fini par s'endormir lui laissant un goût vraiment amer. Un véritable sentiment de regret, de ratage.

Elle ne se sent pas désirée parce qu'il ne manifeste aucune envie. Le plaisir des corps n'est pas une quête ni une évidence pour lui. Elle raconte qu'ils rient beaucoup, qu'ils sont très complices mais que leur relation est quasiment platonique. Il aime les jeux de « bagarre » comme s'ils étaient frère et sœur ! Puis une fois l'énergie exprimée dans ce corps à corps enfantin, il lui demande de prendre soin de lui comme le ferait une mère. Le câliner, l'envelopper pour qu'il s'endorme sereinement, apaisé...comme un enfant !

En baissant la tête, avec une lueur de tristesse dans le regard, elle me raconte que c'est ainsi que se déroulent leurs rapports aux corps. Dans le câlinage et la "brutalité" du chahut enfantin. Son corps à elle est donc touché dans la provocation et la stimulation fraternelle... Puis rien !

Il passe de l'enfant au jeune adolescent sans aller jusqu'à la case homme. Elle déplore qu'ils ne vivent pas cette intimité et cet épanouissement d'adultes. Elle a envie et besoin d'un homme. Elle a envie et besoin de se sentir femme.

Il lui reproche parfois de ne plus le câliner. Elle me dit que c'est vrai, son corps s'est endormi sous le poids de son absence d'envie et de puissance masculine, elle n'a même plus envie de cela. Elle est en manque de présence masculine : un regard désirant, une main qui se déplace avec force et désir, une envie de toucher, de susciter l'envie, d'embarquer l'autre. Son corps et son cœur de femme sont en manque ! Pourquoi ne vient-il pas à la rencontre de sa nuque, son ventre, ses reins, ses mains !? Elle se dit vidée de ce schéma qu'elle trouve terriblement frustrant.

Quand elle me parle de lui, je lis son attirance, son amour. Elle aime sa carrure, non pas pour avoir un gros poupon à charge mais pour se blottir dans les bras de son homme, pour s'épanouir dans tous les domaines avec lui. C'est comme s'il voulait rester un enfant, comme s'il ne pouvait grandir dans l'intimité et devenir un adulte !

S'agit-il de barrières de pudeur ou de peurs !? Elle ne le sait pas. Elle reste souvent interloquée par sa façon de fuir l'intimité. Elle se fige quand il évite le rapprochement, à la fois en colère et triste, blessée. Elle ne veut pas une vie de femme abstinente et non désirée. Elle aime les câlins mais pas quand ils sont frustrants. Elle aimerait réveiller l'homme en lui, mais il résiste si souvent qu'elle en perd elle-même l'envie. Comme si elle avait l'impression de lui faire violence. Expérience déroutante pour cette femme qui a davantage freiné les ardeurs des hommes auparavant.

Elle a envie d'être regardée comme une femme par l'homme qu'elle aime. Qu'il prenne sa place. Elle a besoin d'un homme et il se complait dans les rapports mère-enfant : un amour inconditionnel, du câlinage, de la fusion et un joyeux mélange de rébellion et de soumission.

Résultat : Elle est épuisée comme une mère !

Les paradoxes heureux...

J'ai été heureuse le jour où j'ai compris que je pouvais être amoureuse et déçue, ne pas vivre ce que j'espérais, être fière et interloquée par la même personne. Qu'aimer ne voulait pas dire vivre la perfection, qu'être en couple ne signifiait pas avoir trouvé la personne idéale.

J'ai été heureuse quand j'ai cessé de justifier mes choix amoureux, de vouloir à tout prix être cohérente entre mes valeurs et les siennes, quand j'ai cessé de m'imposer des injonctions de perfection dans la relation sentimentale.

J'ai été heureuse, le jour où j'ai lâché mes exigences et toutes celles qu'impose la société. Quand j'ai accepté de m'éloigner de mes espérances, et de découvrir des chemins de traverse ; Quand j'ai accepté d'aller vers son mode de fonctionnement non pas comme s'il entravait le mien mais comme une rencontre qui ne m'obligeait nullement à changer mes repères. Quand j'ai accepté que nous étions deux et pas une seule et même personne. Qu'il était lui, parfois génial et parfois si déstabilisant, que je pouvais me sentir aimantée comme une évidence et parfois projetée à l'autre bout du monde tant nous sommes différents. Que ses choix lui appartenaient, ses erreurs aussi, que cela parlait de lui, pas de moi. Qu'il était important de rester deux, amoureux mais distincts. Que c'était dans l'existence de ce deux que la rencontre pouvait continuer d'exister. Qu'aimer, c'était jouir de ce qui nous lie et s'enrichir de ce qui nous différencie.

J'ai été heureuse quand j'ai accepté d'être surprise et de sortir de mes repères.

Quand j'ai accepté d'être imparfaite avec un être imparfait dans une relation imparfaite.

Elle voulait être ta princesse, celle que tu souhaitais rendre heureuse. Elle voulait se sentir aimée, soutenue, enveloppée. Elle rêvait d'être attendue, désirée, importante, essentielle pour l'homme qu'elle avait choisi pour partager sa vie.

Mais ta quête de reconnaissance est telle, que tu attires comme un besoin viscéral la lumière sur toi, sans partager ses éclats. Tu ne cherches pas à construire ton couple, participant au bonheur de celle que tu as choisie. Tu veux incarner la réussite et avoir une femme en fait partie.

Ton bonheur passe essentiellement par ton équilibre et ton bien-être. Si tu es bien, tout va bien !

Si je te demande comment elle va, tu ne sais pas me répondre ou tu supposes. Parce que tu ne prends pas le temps de la regarder, tu ne l'interroges jamais sur ce qu'elle ressent, ce qu'elle aimerait, ce qui lui plaît. Elle est là pour te faire briller, te suivre, s'adapter, te procurer du confort. Comme une évidence, c'est ce que tu attends d'elle. Tu ne connais d'elle que ce qu'elle peut t'apporter. Tu ignores qui elle est et ce qui la rend heureuse. Même après toutes ces années, tu ne la connais pas. Tu prends ce qui contribue à ton bien-être mais ne t'interroges jamais sur le sien.

Comment je le sais ? Je la regarde et je la vois faner, pâlir, sourire en surface, s'agacer pour rien, perdre ses élans. Je l'écoute et j'entends tout ce qu'elle ne dit pas. Tu lui prends beaucoup mais tu ne la nourris pas et elle s'épuise.

Tu crains ce que je vais penser de toi ? Cela t'ennuie ?

Tu n'es pas touché par ce que tu apprends, tu es agacé !? Parce que c'est à toi que tu penses, à ta réputation, à l'image que tu renvoies. Ce qui t'ennuie quand elle va mal, c'est qu'elle râle davantage et cela perturbe ton équilibre !

Mais qui s'intéresse à elle, qui se demande comment elle va et pourquoi elle perd tout son éclat ?

Quand je la vois se perdre ainsi sur le chemin du quotidien, je lui souhaite presque de croiser un jour quelqu'un capable de la regarder, qui prendra plaisir à découvrir qui elle est, ce qui la fait vibrer, ce qui contribue à faire d'elle une femme épanouie.

Quel dommage que tu ne puisses briller en incarnant ce rôle… Qu'une de tes plus belles réussites ne soit pas celle d'avoir contribuer à son bonheur.

Quand nous sommes tout près l'un de l'autre, de cœur et de corps, je suis envahie d'une vague de « tout est possible ».

Quand je te parle et que tu m'écoutes, jusqu'à m'entendre même. Quand tu poses ton regard dans le mien avec intimité. Quand ta main me touche vraiment. Quand nous évoluons sous nos regards bienveillants et encourageants. Quand nous sommes mutuellement émus de ce que nous partageons. Quand nous rions ensemble de nos plus grandes peurs. Quand nous pouvons pleurer, douter, éprouver en nous aimant toujours aussi fort.

Je me dis que tous les bonheurs sont possibles !

Un présent, un avenir, des enfants, des voyages, des échanges, des projets, de la douceur et de l'énergie... Tout, tout, tout !

J'aime cet infini à construire ensemble...

PARENTALITE

Chronique d'une mère ...

En devenant mère, je me suis engagée à faire du mieux possible, à être présente, à l'écoute, à leur hauteur, à me tromper parfois et à toujours me remettre en question, à me confronter à mes limites et à les apprivoiser, les dépasser pour toujours tenter d'être la meilleure version de moi-même.

En devenant mère, je me suis engagée... probablement le plus gros engagement de ma vie ! Eté comme hiver, en pleine forme ou malade, jour et nuit, de la naissance et jusqu'au bout du bout.

C'est prenant, enthousiasmant, épuisant, vivifiant, bouleversant... Un volcan d'émotions d'une puissance insoupçonnée !!

Penser ce rôle, je l'avais fait de nombreuses fois auparavant, mais le vivre est très différent, parce que devenir mère engage tout notre être. Notre cœur, notre corps, notre tête, nos entrailles, notre peau, nos veines, nos muscles, nos articulations, nos yeux, nos oreilles, nos mains. C'est pour toutes ces raisons et plus encore que cela rend vivant et épuise tout autant.

Alors quand j'accompagne des mères qui me racontent leur bonheur, les traits tirés, les cernes marquées et l'épuisement dans chacune de leurs veines, je les reçois avec beaucoup de bienveillance et d'empathie.

Il y a cette rencontre qu'elles font avec elle-même dans ce rôle de mère et la rencontre de cet homme qui devient père.

L'une d'elle m'explique :

— *Quand je le vois me seconder, je réalise que je ne l'attendais pas dans ce rôle. En faisant des enfants avec lui, je ne voulais pas d'un second, d'un sauveur, qui interviendrait que lorsque quelque chose ne va pas. Je voulais un partenaire. Un partenaire de vie, de joie, de complicité, de présence, de jeux, de balades, d'échanges, de mots, de câlins. Qu'à deux, on fasse des enfants et qu'à deux, on les élève, on les regarde grandir, s'extasier, avoir peur, s'interroger, jouer, se réveiller et s'éveiller, s'endormir, rêver, chuter et se relever... Etre des bébés, puis des enfants, et des jeunes gens. J'imaginais que l'on allait vivre ces moments et construire ces souvenirs ensemble... Pas que je les lui raconterai quand finalement il finirait par se réveiller tardivement le matin, ou qu'il rentrerait tardivement le soir ! J'avais imaginé ce projet parental à deux. Je n'avais pas imaginé que tout reposerait sur moi et qu'il viendrait de temps en temps participer, juste un instant, à un espace de jeux. Je l'avais imaginé dans un autre rôle, un premier rôle ! Pas un témoin, mais un acteur !*

J'ai besoin de partager, d'être ensemble, de voir les enfants jouer avec lui, d'avoir des souvenirs communs, d'avoir la possibilité de regarder tranquillement par la fenêtre quelques instants, d'aller aux toilettes toute seule, de prendre ma douche tous les jours, de penser... sans attendre le moment où les enfants sont couchés (et dorment) pour le faire ! Je veux pouvoir oublier le carnet de santé et qu'il ait pensé à le prendre ; Oublier de préparer le sac de la journée et qu'il sache le faire lui-même sans que je me demande toute la journée ce qui va manquer aux enfants.

Et pour pouvoir faire tout cela, j'ai besoin de pouvoir me dire, tout comme il le fait avec évidence, que les enfants sont bien avec lui !! Je ne veux pas d'un second, d'un remplacement, d'un commis, je veux un partenaire !!!!

Devenir mère m'a changé. C'est vrai, je ne suis plus tout à fait la même ! Quand je le vois, similaire à avant, les mêmes qualités, les mêmes limites, les mêmes habitudes, je me dis que le problème n'est peut-être pas de changer mais de rester le même alors que l'expérience de la parentalité est venue frapper à la porte du quotidien. Que cette expérience puissante, permanente, quotidienne ne l'impacte pas, ne le bouscule pas dans ses repères, ne le poussent pas à en construire d'autres, me laisse perplexe.

Chaque rencontre apporte son lot de changements, des plus petits aux plus grands, mais cette rencontre avec son enfant, avec le parent que l'on devient est véritablement unique, vivifiante et tellement bouleversante aussi parfois. Comment peut-il rester le même ? Comment peut-il dormir du même sommeil ? Comment peut-il rester si éloigné de cette nouvelle réalité ? Si absent psychiquement, perdu dans la télé, le téléphone, l'ordinateur... et si peu concerné par ce que la parentalité apporte comme explosion interne et externe ? Comment fait-il pour vivre en périphérie sans être happé, interpelé, percuté ? Quel sens lui manque-t-il pour ne pas entendre les demandes, les besoins ? Ceux des enfants et les miens ?

Bien sûr que j'ai changé, que je ne suis plus tout à fait la même... Pourquoi lui est-il resté le même ?!

Accueillir un enfant, l'accompagner, le soutenir, participer à son éducation demande beaucoup d'énergie. L'absence de l'autre aussi !

Je rencontre des femmes devenues mères, dire :
« Tout le monde dit que c'est la chose la plus incroyable à vivre... Pourtant je me sens mal... Je n'imaginais pas cela ainsi ! »

Comme lorsque l'on découvre, adultes, que les princes et princesses n'existent que dans les livres et que la réalité offre un tout autre genre du féminin et masculin, devenir mère, n'est pas toujours aussi magique que ce que la rumeur raconte. Est-ce moins bien ? Je ne sais pas... mais différent, c'est certain. Il y a ce que l'on raconte et ce qui est.

Avant, on s'imagine les gazouillis, les sourires, la tendresse, on s'attendrit en y pensant. Puis vient la fatigue, et alors les gazouillis deviennent ce qu'il y a de plus irritant. Comme une fente brutale dans un bref silence à peine retrouvé. Parce qu'après avoir passé des années à peu près au gré de son propre rythme, de ses humeurs, de ses envies, il faut soudainement considérer quelqu'un d'autre avant soi ! Totalement dépendant, ce petit être demande présence, attention, anticipation, compréhension, sens en alerte. Et alors, plutôt que d'éprouver un bonheur infini à le faire, les mères s'épuisent parfois dans ce rythme à contre-courant du leur. Il y a l'idée que l'on se fait de ces grands événements de la vie et il y a la réalité.

Tout comme la découverte des hommes et femmes, les vrais, les réels, loin de ces personnages charmants décrits dans les livres, l'arrivée d'un enfant propose autant de magie que d'insupportable.

Là est bien toute la richesse et la complexité des relations humaines.

Il réside un tabou autour de la grossesse, de l'accouchement, des premiers mois de l'enfant, des difficultés diverses et variées, et pourtant si les maux étaient parlés, cela permettrait de s'y préparer, d'éviter la culpabilité de ces mères qui se croient isolées quand elles sont mises à mal, et favoriserait la solidarité, le soutien.

Etre en difficulté, ne remet nullement en cause la beauté de la parentalité, mais inclut la réalité dans un espace si idéalisé.

On entend souvent parler du deuil de l'enfant imaginé, de l'enfant rêvé. Cet enfant que nous sublimons, ce poupon plein d'amour, à la peau douce, aux cheveux d'ange, qui sourit, babille, se blottit, tête. Avant de faire la connaissance de l'enfant réel, qui pleure, souffre de maux de ventre, de dents, ne dort pas, a des irruptions cutanées, de la fièvre, ne se calme pas quoiqu'on lui propose, de jour comme de nuit…

Il y a effectivement la rencontre avec la réalité d'un enfant qui ne ressemble pas toujours à ce que l'on avait imaginé, avec ses surprises magnifiques qui viennent nous cueillir tout entier et ces désillusions, ces déceptions, ces confrontations.

On entend moins parler du deuil de la mère idéale que l'on s'imaginait devenir. Cette maman pleine d'amour, douce, bienveillante, émerveillée, patiente, attentive, compréhensive, sereine, épanouie, cette mère modèle, phare, repère. Parce que chaque mère souhaite donner le meilleur à ses enfants, alors on se projette dans la meilleure facette de nous-même. Sauf que la réalité nous rattrape aussi et elle est au moins aussi brutale à vivre que lorsque l'on rencontre ce vrai bébé encore immature, loin des jolis clichés photographiques tout doux, figés et sans vie.

Se découvrir épuisée, à bout de nerfs, excédée, robotisée par la fatigue, agacée par les demandes incessantes, rêvant de mettre tout le monde sur « off » pour ne plus entendre de bruits, vouloir s'échapper de la maison pour respirer, bercer avec fermeté tant les hurlements insupportent, avoir envie de hurler, hurler parfois et s'en vouloir, sentir qu'il faut refreiner des élans de brutalité tant ce tourbillon met à rude épreuve, culpabiliser de perdre le contrôle. Se découvrir tout simplement humaine, limitée… Loin des clichés photographiques tout doux, figés et sans vie.

Parce que devenir mère, c'est plonger tout entière dans LA VIE, le tourbillon quotidien, qu'il vente, qu'il neige, qu'il pleuve, de l'été à l'automne, de jour comme de nuit, que l'on traverse des bonheurs ou des événements dramatiques. Devenir mère, c'est l'être tout le temps et pour toujours.

Il n'y a pas d'engagement plus fort, plus puissant, plus impliquant. Digne d'un sportif de haut niveau sans préparation et sans trêve.

La vraie vie propose des instants magiques, merveilleux mais elle n'est pourtant pas un conte de fée, elle est réelle, et nous le sommes également, réelles, imparfaites, inadaptées parfois, impatientes. Ce deuil de la mère idéale que je m'étais imaginée est chaque jour une découverte brutale, remuante, culpabilisante mais j'apprends à l'accueillir, l'accepter et l'aimer. Parce que je suis mère et ramenée à la vie à chaque instant par mes enfants qui me rappellent toujours qu'après la pluie vient le beau temps et que la vie est ainsi faite. Nous ne sommes ni absolument parfaites ni absolument horribles, nous sommes humaines et nos enfants ont besoin de nous sur cette terre imparfaite pour les accompagner dans une vie imparfaite avec des gens imparfaits.

Et chaque fois que cela me mord le cœur de ne pas être plus adaptée, je me réjouis toujours d'avoir découvert ces petits êtres imparfaits faisant de moi une « mère suffisamment imparfaite » également.

J'ai beaucoup de gratitude pour l'amour que me portent mes filles, même dans mes limites, mes imperfections, elles m'apprennent à m'accepter et m'aimer telle que je suis.

A Eva et Valentina...

Enfants uniques...

Les enfants sont le fruit de deux personnes, de deux histoires de vie (voire davantage, l'arbre généalogique a le bras long), de deux génétiques qui se rencontrent, se mélangent et d'un environnement. Mais bien au-delà de ce que leurs parents leur apportent psychologiquement, ou physiologiquement, les enfants sont tellement plus que cela.

Quel parent n'a pas été surpris par des répliques, des attitudes, des centres d'intérêt de leur enfant ? Les enfants font l'objet de multiples projections de la part de leurs parents, qui les imaginent à leur image, tant physiquement que psychologiquement. Et pourtant, ils apparaissent assez rapidement singuliers, uniques, surprenants.

Ils arrivent avec quelque chose qui leur appartient, indépendamment de ce que nous sommes et ce que nous leur transmettons. Si nous prenons le temps de les observer, de les laisser nous surprendre par ce qu'ils sont en tant qu'êtres uniques, nous nous prenons leur réalité de plein fouet. Cela nécessite que nous n'imposions pas ce que nous sommes, que nous laissions libre court à leur singularité. L'expression dit qu'en accouchant, on les «met au monde » ; Ils vont alors découvrir ce monde et se découvrir dans ce monde. Ces rencontres sont parfois surprenantes.

Avoir la curiosité de ce qu'ils sont et de ce qu'ils vont devenir. Se positionner dans cette aventure quotidienne, non pas comme un marionnettiste, mais comme le spectateur d'une histoire nouvelle qui s'écrit.

Qu'on le veuille ou non, nous sommes tous cueillis par ces inattendus, ces rencontres humaines. Chacun avec sa capacité d'accueillir, de laisser libre court à la liberté d'exister pleinement, de se déployer en dépit de nos propres repères ou représentations.

Certains pensent que cela est conditionné par notre influence (Vouloir un garçon plutôt qu'une fille ; Enfant désiré ou non ; La place dans la fratrie…), d'autres pensent que l'on a plusieurs vies et que les enfants arrivent avec un bagage. Qu'importe les croyances de chacun, la réalité frappe à notre porte quotidiennement, les enfants arrivent avec ce petit ou grand quelque chose qui amène son lot de nouveautés. C'est bousculant et tellement enrichissant !

Je me sens chanceuse de redécouvrir le monde à travers leurs yeux… et je me demande souvent lequel des deux, adulte ou enfant, participe le plus à l'évolution de l'autre !?

Dire qui l'on est, à ses proches qui ont une idée définie de ce qu'ils veulent que l'on soit, est une épreuve tellement difficile parfois. Devoir annoncer que l'on n'est pas ce que les autres attendent que l'on soit, empêche parfois de sauter le pas, d'oser être et de le dire.

Aimer les femmes, quand la norme dit que l'on doit aimer les hommes…

S'épanouir dans les activités manuelles, le bricolage, la mécanique quand la culture familiale n'a produit que des médecins ou avocats…

Avoir un don artistique au milieu de scientifiques…

Aimer le rose et les paillettes quand on s'appelle Paul…

Vouloir entrer, jeune, dans la vie professionnelle quand tous ont Bac +5…

Etre solitaire, calme, observateur au milieu d'une famille explosive…

Ne pas vouloir d'enfants quand on est une femme…

Quand se raconter avec honnêteté est une annonce qui blesse, qui déçoit et qui engendre du rejet. Quand sa propre vérité fait violence à celui qui la reçoit et qui s'en défend comme d'une agression. Ce qui ne devrait être que de l'amour, du soutien, de la transmission, se transforme alors en blessure, en douleur et rancune.

Parce que malgré lui, l'enfant est bien souvent le représentant de ses parents aux yeux du monde. Il représente sa réussite, sa fierté ou sa déception, sa honte même. Quoi de plus violent que de faire honte aux siens !?

Quand l'enfant est d'un tempérament calme, on dit de lui qu'il est bien élevé, sous entendant que ses parents ont œuvré pour cela. S'il est agité, on se demande ce qu'ils n'ont pas fait ; S'il est homo, on entend encore que la mère l'a castré ou le père était trop absent.

Comme si l'enfant n'était pas un être à part entière avec ses propres caractéristiques, faisant de lui un être singulier, mais le fruit des autres, un être façonné, modelé.

De quoi faire de lui un objet et culpabiliser ses référents.

Khalil Gibran disait : *« Les enfants ne vous appartiennent pas (…) Ils sont les fils et les filles de l'appel à la Vie. Vous pouvez leur donner votre amour mais non point vos pensées, car ils ont leurs propres pensées »*.

Accepter cela permettrait peut-être d'ouvrir davantage son cœur à ce qu'est l'autre, et lui laisser la liberté d'Etre…

J'aimerais pouvoir vous dire...

J'aimerais pouvoir vous dire que les gens seront toujours bienveillants, que les Hommes sont bons, loyaux et sincères. Que les guerres sont passées, que tout le monde a compris que ce n'était pas nécessaire de se faire du mal pour trouver sa place, que les balles sont fausses ; Que les gens ne meurent pas, ils dorment ; Que les hommes agglutinés en mer partent en vacances ; Que les gens qui dorment dehors participent à une télé-réalité ; Que les femmes peuvent exister pleinement ; Que tout le monde est considéré à égalité quelle que soit sa couleur de peau ; Que l'on ne se demande jamais qui aime qui, homme, femme, Trans, que seul compte l'amour qui unit les gens et qui fait vibrer.

J'aimerais vous dire qu'être en vie est un pur plaisir ; Que le chemin n'est jalonné que de petits et grands bonheurs ; Que ce sera simple, doux et enthousiasmant à la fois ; Que vous vivrez d'Amour, de plaisir, de rencontres généreuses, engagées, sans faille...

J'aimerais vous le dire ; J'aimerais sentir que c'est dans un tel monde que je vous ai fait naitre ; Que vous mettre au monde est un merveilleux cadeau ; Que c'est pour cette beauté que j'ai décidé de vous concevoir.

Et pourtant, je vais sécher vos larmes, accueillir vos peurs, vos déceptions, vos chagrins d'amour, vos amitiés brulantes, vos espoirs envolés, vos blessures...

Parce que la réalité est tout autre. Vous allez vite découvrir que les humains se battent, se poussent, s'en veulent, se méprennent, se blessent mutuellement, se jalousent, cachent leurs sentiments, ont plus de facilité à se critiquer qu'à se dire qu'ils s'aiment. Alors qu'ils ont tous besoin de la même chose : être aimés, se sentir considérés et respectés. Parce que pour des raisons qui m'échappent encore bien souvent, la vie est plus complexe que ce que j'aimerais vous promettre.

Alors je ne vous promets rien…

Mais je vous accompagne dans la découverte de vos ressources pour traverser cette expérience qu'est la vie, avec toutes ses imperfections, ses surprises piquantes, ses désillusions. Pas sûre que la vie soit cruelle mais ce qu'en font les humains l'est parfois. Je vous souhaite infiniment de rencontrer un maximum de belles énergies positives et saines qui rendront votre chemin le plus agréable possible.
Comme toutes les mamans, j'aimerais vous éviter les douleurs, mais je n'en ai pas le pouvoir. Alors je vous apprends à transformer le sombre en lumière. Il y a le rêve et la réalité... Et bien qu'elle soit pimentée parfois, je ne peux que vous conseiller de toujours continuer à rêver, parce que c'est le meilleur moteur dans un monde qui pique parfois.

C'est parce que j'ai continué de rêver que je vous ai invitées à entrer dans la danse. Et je vous la souhaite la plus agréable possible.

Chacun construit son histoire avec son enfant, souvent en lien ou en opposition avec sa propre histoire familiale. Il y a effectivement l'enfant que l'on a été, et il y a le parent que l'on devient. Nous sommes de ce fait, tous assez différents dans notre manière de concevoir la parentalité.

A chacun son positionnement, sa représentation du rôle à incarner, son degré d'engagement et d'investissement et à chacun la réponse qui s'y rattache. Respecter les différences fait la richesse de ce monde, et pourtant ce n'est pas si simple de concilier les divergences quand on doit co-éduquer et proposer le minimum de cohérence nécessaire à l'équilibre des enfants.

Comme toutes les mamans, ma priorité est d'être la meilleure possible pour mes enfants, d'accepter mes responsabilités et de m'engager pleinement à leur côté. La parentalité est un rdv à ne pas manquer, c'est un engagement prioritaire, pas secondaire. C'est pour cela que c'est si prenant et probablement la décision la plus impactante de toute une vie. Parce que l'arrivée d'un enfant change la vie. Si en ayant un enfant, rien ne change, alors c'est que l'engagement n'est pas pleinement acté !! Je me laisse volontiers impacter par le bouleversement de la parentalité, j'accepte le virage, le changement de décor, les concessions également. Engagement plein et pas intermittent.

Je vois mes enfants venir se ressourcer auprès de moi, s'épancher, me raconter, partager. Comme un point d'ancrage évident, fiable, permanent ! Et c'est ce que je crée avec eux, qui m'importe. C'est mon choix et ma responsabilité comme une évidence. Pour leur permettre de s'envoler, cette base sur laquelle poser leurs pieds est essentielle. Je ne les occupe pas, je suis présente, attentive et disponible.

Accepterait-on de payer une assistante maternelle pour qu'elle s'allonge dans le canapé et les laisse se débrouiller tout seul !? Trouverait-on normal qu'elle leur demande de se taire pour mieux entendre une émission qui la passionne ?! Qu'elle leur demande d'arrêter leur cinéma quand ils traversent des émotions !? Embaucherait-on ce genre de personne pour s'occuper de nos enfants ?? J'en doute…

Être attentif ne veut pas dire faire à leur place ou tout maîtriser, c'est accompagner, observer, répondre aux besoins, soutenir pour encourager l'exploration du monde. Etre présent non pas seulement physiquement mais psychiquement surtout. Cela demande d'écouter et d'entendre. Ce n'est pas octroyer quelques créneaux dans la journée, c'est s'investir pleinement dans ces nouvelles responsabilités qui obligent à se décentrer ; C'est un nouvel état d'esprit, une façon d'être. C'est un engagement plein !

Il y a des virages non négociables et celui de la parentalité en est un, et pas des moindres, au risque de provoquer des dommages irréversibles. Il y a un avant et un après l'arrivée d'un enfant et ce changement est aussi une manière de lui dire à quel point il a sa place dans nos vies d'adultes

Après avoir travaillé des années auprès de parents et d'enfants, je ne peux que constater combien il est important d'accompagner et non de culpabiliser les parents. La culpabilité empêche toutes évolutions positives en créant un poids très lourd sur les épaules de ces adultes devenus parents qui se retrouvent très souvent dépourvus. Ils ont davantage besoin d'être entendus et compris que jugés et pointés du doigt sur leurs failles.

J'éprouve alors de l'empathie pour les parents qui font, quoiqu'il en soit, toujours de leur mieux, guidés par l'amour qu'ils portent à leurs enfants. Et même quand ils provoquent des entailles, je sais qu'ils ne le font pas volontairement et qu'ils n'ont jamais pour but de les blesser. Même les plus maltraitants agissent souvent sous le coup de leurs propres manques et j'ai de l'empathie pour l'enfant qu'ils ont été et qui a probablement souffert avant de faire souffrir. Je sais que de la plus petite maladresse à la plus forte maltraitance, il y a rarement de préméditation et bien souvent de la méconnaissance. Cela n'empêche évidemment en rien la souffrance des enfants.

Je trouve cela terriblement injuste que la souffrance se transmette de génération en génération.

Outre le fait de considérer que chaque parent fait de son mieux pour son enfant, même quand cela est inadapté, autre chose m'apparaît comme une évidence pour sortir de cette pseudo fatalité qui n'en est pas une à mes yeux : Se sentir coupable n'apporte rien de bon mais se sentir responsable est essentiel. La nuance entre culpabilité et responsabilité est subtile et c'est à cet endroit précis que se joue la probable évolution.

Quel que soit son âge, son niveau social, sa situation familiale, une personne qui devient parent est responsable de son enfant. Cela lui demande donc de prendre ses responsabilités et d'accepter qu'il a à jouer un rôle important dans l'accompagnement de son enfant.

De nombreux jugements sont proférés à l'encontre des enfants, des jugements comme des étiquettes qui collent fort à la peau : «Il n'a pas confiance en lui » « Il est peureux » « Il ne supporte aucune frustration » « Elle est trop sensible » « Elle pleurniche pour un rien » etc

Et si le parent avait un rôle à jouer à cet endroit précis justement ! L'enfant arrive au monde avec son bagage génétique et donc une partie influente sur son développement mais le reste se joue en fonction de l'environnement et donc des personnes qui l'entourent.

Quand un parent pointe du doigt un comportement de son enfant qu'il juge négatif, il est intéressant de chercher dans quel contexte il a pu développer cela et s'il est possible d'agir sur ce contexte. Il ne me semble pas juste de pointer du doigt le comportement de l'enfant et ne pas considérer tout ce qu'il y a autour. Qu'il s'agisse d'ailleurs du parent, de l'instituteur, de l'éducateur et tous ceux qui font le décor de sa vie.

Il ne s'agit aucunement de culpabiliser l'adulte mais de l'amener à prendre ses responsabilités. Il est le référent de l'enfant, il est en grande partie, celui qui lui apprend à se découvrir, à découvrir la relation aux autres, à apprendre à se positionner, la capacité à se faire confiance, à tester, expérimenter, développer la curiosité, les codes qui permettent de vivre en société. L'enfant arrive avec un bagage certes mais il apprend tout le reste en arrivant au monde, au sein de son univers familial, social. Certains parents se plaignent de leur enfant en se demandant ce qu'ils ont bien pu faire pour mériter cela. Cela me semble effectivement judicieux de se poser la question !

Hormis certaines pathologies, le comportement de l'enfant n'est pas le fruit du hasard. Il y a des attitudes qui accompagnent, qui guident, qui soutiennent, qui accueillent, qui permettent de grandir en optimisant ses potentialités et il y a des attitudes qui diminuent, freinent, blessent, infantilisent, humilient, rabaissent…

Ces adultes en font-ils exprès de couper les ailes des enfants !? Je ne le crois en rien. Mais s'ils ne sont pas coupables, ils sont responsables. C'est notre devoir d'adultes de chercher la voie la meilleure pour accompagner les enfants, quel que soit notre rôle à ses côtés. Tout comme, c'est de la responsabilité d'un chef d'entreprise d'optimiser la réussite de son entreprise, les employés ayant le droit de se plaindre si celui-ci ne joue pas son rôle.

Ce n'est pas chose simple effectivement, parce qu'accompagner un enfant nous ramène à notre propre enfance, nos ressources et nos manques aussi et c'est probablement là que se situe la grandeur de l'expérience… Tel un challenge, un enjeu, un défi !

Si je crois que la culpabilité cause de vrais dommages aux parents ou autres référents, je pense également que ne pas prendre ses responsabilités occasionnent de véritables dommages pour les enfants. La culpabilité ne sert à rien puisque paradoxalement elle met dans une position de victime accablée. Alors que la responsabilité favorise la position d'adulte.

Certains adultes expriment leurs désarrois comme les témoins passifs d'un mauvais spectacle, comme s'ils n'étaient pas acteurs de la situation, à distance, presque pas concernés, ou seulement par les conséquences. Les instituteurs, les professeurs, les éducateurs et les parents cherchent parfois des raisons extérieures aux situations complexes qu'ils vivent auprès d'enfants en difficulté. J'observe dans quelle détresse ils sont de se sentir ainsi soumis à quelque chose qui leur échappe, sur laquelle ils n'ont pas l'impression de pouvoir agir. Et pourtant s'interroger sur ce que nous pouvons agir est fondamental.

Si nous ne sommes pas responsables, qui l'est ? L'enfant a besoin de le savoir pour se sentir protégé par une personne qui en a la responsabilité.

QUAND LES CLIVAGES FONT RAGE

ET LES HUMAINS FONT LIEN

Ce ne sont que des mots...

« *Ce ne sont que des mots !* » Que veut dire cette phrase ? Que les mots ne seraient que des lettres les unes à côté des autres, sans valeur, sans impact, sans signification. En êtes-vous bien sûrs ?

Quand une mère dit : «*Tu aurais pu faire mieux*»

Quand un père dit : « *Je ne pensais pas que tu y arriverais*»

Quand un prof dit : « *C'est trop difficile pour toi* »

Quand un patron dit : « *Vous avez compris vite cette fois* »

Quand un amoureux dit : « *Ce qui compte, c'est la beauté intérieure, ne pas avoir le reste n'est pas si grave, je t'aime quand même*»

Quand une personne dit : « *C'est fou comme ton enfant est différent de toi, il n'a pas hérité de tes qualités* »

Vous sentez comme ça pique !?

Les mots ne sont pas un amalgame de lettres, ils portent une signification, ils envoient un message, ils traduisent des pensées, une posture. Les mots sont puissants, ils sont soit vecteurs de lien, soit une arme de destruction intérieure pour celui qui les reçoit. Et plus il y a d'affectif dans le lien, plus l'impact est grand.

Nos attitudes se traduisent dans l'esprit humain en interprétation et en mots. Si quelqu'un me sourit, je reçois des mots de plaisir avec son sourire. *Il est heureux d'être là, il m'apprécie.* Si quelqu'un me fixe d'un air dur, je reçois le contraire. Tout ce qui se passe dans les relations humaines se traduisent en ressenti, interprétation, sensation, pensée. Où chacun des deux a une part de responsabilité en tant qu'adultes. Nier la puissance des mots, c'est ne pas percevoir notre propre pouvoir.

Ainsi plus les mots que l'on emploie sont clairs et dépourvus de sous-entendus, moins l'on risque de heurter. Et plus, on connait nos fragilités, moins l'on risque d'être heurtés par les mots reçus.

Les mots peuvent laisser des séquelles bien plus importantes qu'une agression physique. Bien des personnes dont l'intégrité physique a été atteinte, n'ont pas de souvenir de la souffrance de leur corps sous le poids des claques, gifles, coups. En revanche, ils se souviennent tous de ce que cela a engendré en termes de souffrances psychologiques. Les coups prennent une signification dans l'esprit de celui qui les reçoit : « *Je ne vaux rien, je ne suis pas aimé, je suis un incapable, je ne comprends rien, je dérange, je suis décevant.. »*, et ce sont ces mots qui les tuent. Ce sont ces mots qui les empêchent d'aller bien, qui pèsent lourd sur leur construction et les poursuivent tout au long de leur vie. Même devenus adultes, même en fin de vie. N'avez-vous jamais vu ces vieillards vous parler de leur enfance, les larmes aux yeux en se remémorant cette gifle de leur père. Il est évident que leur corps a continué de grandir et n'a pas été entravé dans son développement physiologique, et pourtant même 80 ans après, ils en souffrent encore, parce que l'impact est ailleurs.

Les mots que l'on a entendus, même sans être prononcés parfois et les mots qui traduisent les actes peuvent être d'une violence inouïe. Non, les mots ne sont pas que des mots ! Les mots sont des MOTS, et provoquent des MAUX.

Ils parlent bien plus de la personne qui les prononce que celui qui les reçoit, pourtant le mal circule entre les deux ;

Parce que quand l'un les dit, et s'en débarrasse, l'autre les prend, souvent de plein fouet. Ils peuvent marquer au fer rouge.

La communication est cruciale, elle permet aux humains de se construire, de se rencontrer, de se comprendre, de donner du sens, de faire du lien et de se sentir exister.

Non, les mots ne sont pas que des mots ! Ils sont puissants et méritent une attention particulière de la part de celui qui les manie.

L'incrédulité de ceux qui envoient du feu à travers leurs mots a priori anodins, ne captent plus mon oreille attentive. On ne peut empêcher les gens d'amocher, heurter, de médire mais on peut décider de ne plus entendre. Parce que si l'on est responsable de nos mots, on l'est aussi de notre écoute.

Il est alors préférable de ne laisser pénétrer cet espace d'écoute engagée, investie, intime que ceux qui se servent des mots pour se rencontrer en toute humanité.

Certaines conversations ne parviennent pas à aboutir parce qu'elles rencontrent sur leur chemin quelques obstacles difficiles à franchir.

Quand l'échange se nourrit d'accusations mutuelles, quand le besoin d'avoir raison est plus fort que l'envie de se rencontrer, tout le monde repart perdant.

Ils arrivent aussi que les amalgames et les généralités amènent les gens à se défendre de propos qui ne les concernent pourtant pas. Comme s'ils étaient pointés du doigt. Ainsi d'un thème général qui pourrait être la base d'un sujet fructueux, on voit parfois des esclandres naître de vexations personnelles.

Quand une femme parle du comportement d'un homme qui lui a déplu, il arrive que les autres hommes se défendent comme s'il s'agissait d'eux. De la même manière, si l'un évoque cette femme qui a, ce qu'il considère comme des mœurs légères, c'est une autre qui hurle que toutes les femmes ne sont pas ainsi. Si l'un parle de l'éducation des enfants, ce sont ceux déjà parents qui s'insurgent comme s'ils se sentaient jugés dans leur fonction alors que la situation ne leur appartient pas.

Recentrer sur soi chaque sujet abordé, empêche les échanges sereins mettant chacun sur la défensive face à des mots qui ne leur sont pourtant pas adressés. Nous ne représentons pas la catégorie des hommes, des femmes, des parents, des homos, des gens de droite ou de gauche, des profs, des artisans, des étrangers, des avocats... Nous sommes des individus qui constituons une société, avec des caractéristiques communes et tellement de particularités aussi.

Tout recentrer sur soi est une forme de toute-puissance, qui plutôt que de donner du pouvoir, apporte bien peu de confort.

J'aime passer du temps avec les personnes qui proposent des idées pour bénéficier d'autres éclairages, qui sont dans le partage de ce qui leur appartient… Pas de ce qui appartient à quelqu'un d'autre !

Je ne sais que faire d'informations qui concernent des personnes non présentes qui ne peuvent donner leur vérité, leur réalité et qui se retrouvent modeler sous les mots d'une personne qui s'approprie leur histoire à travers ses filtres.

Parler des autres, comble l'espace et évite de parler de soi (même si cela en dit long sur celui qui s'exprime). Or, quand j'entre en relation avec quelqu'un, c'est précisément cette personne que je souhaite découvrir, pas son voisin.

Entrer en relation, c'est accepter une forme d'engagement qui favorise la rencontre. Parler des autres, surtout si c'est pour médire, ne fait que créer une zone de méfiance. J'observe que cela peut également créer de la complicité et certains apprécient ces espaces où l'absent est en ligne de mire et permet tous les défoulements. Cela détourne le projecteur sur l'autre, et évite l'introspection probablement. Certains disent même *« Mais de quoi parlerait-on si on ne parlait pas des autres !? »*. Je me demande alors de quoi sont constituées ces personnes pour estimer que les autres sont bien plus intéressants qu'eux-mêmes !?

Mais que se passe-t-il véritablement dans le fond, hormis un malaise à propos de ce qu'il adviendra quand nous serons à notre tour à la place de l'absent !?

J'aime les présents, les échanges réels, et si les absents ont leur place dans mes pensées, j'évite de les faire exister dans une réalité qu'ils n'ont pas eux-mêmes alimentés. Je ne sais quel rôle jouer dans des espaces inventés où tout est spéculation. Je manque sans aucun doute d'imagination…

« C'est dans ta tête ! »

Quoi de plus dénigrant face à l'évocation d'un ressenti douloureux que cette phrase assassine : *« Il n'y a pas de problème, c'est dans ta tête !! »* ??

Que veut dire cette phrase ? Au-delà de sous-entendre : *"Ce n'est rien"*, *"Tu inventes"*, *"Tu fantasmes"*, cela signifie que ce qui est dans la tête n'a aucune importance, aucun poids !? Cette fameuse tête qui abrite notre cerveau (rien que cela !) est notre unité centrale. C'est le centre de notre réflexion, c'est à cet endroit que le message douleur arrive et est interprété, c'est par là également que transitent l'interprétation de nos émotions, de nos sentiments. N'est-ce-pas la fin quand on est en mort cérébrale ? Est-ce vraiment raisonnable de reléguer au second plan cette partie fondamentale de notre corps ?

Nous viendrait-il à l'esprit de dire à une personne qui hurle de douleur de s'être cassé le doigt, que ce n'est qu'un doigt !? Une minuscule partie du corps, pas de quoi en souffrir autant !?

La tête et l'esprit, ne seraient encore considérés par certains que comme une extension totalement inutile de leur tronc !? Il suffit d'observer la réalité des personnes souffrant de troubles psychiatriques, si entravés au quotidien parfois, pour comprendre que ce qu'il se passe dans la tête est loin d'être anecdotique. Sans un fonctionnement optimal de notre esprit, la vie peut devenir bien compliquée.

Alors faire de cette partie du corps si riche et intéressante une boîte vide et sans intérêt revient à nier une partie essentielle de l'être humain. Empêchant une considération réelle de ses potentialités et de son impact sur tout le reste du corps et dans la vie de chacun.

Le « *Ce n'est rien, c'est dans ta tête* » est décidément le fruit d'une grande ignorance et est très dommageable pour les personnes qui se retrouvent dénigrées d'un revers de phrase assassine.

Chaque famille a une manière de fonctionner ensemble.

Certains se voient très régulièrement mais ne se connaissent pas vraiment, ne partagent rien de leur intimité émotionnelle.

Certaines familles se balancent des horreurs sur des choses insignifiantes, se fâchent mais ne se disent jamais les choses importantes de peur de se vexer et de se faire du mal avec la réalité. Ils peuvent s'aboyer dessus pour une partie de foot, un avis politique, un plat raté, un retard, mais sont incapables de se dire qu'ils ont été blessés par ce que l'autre a dit, par une décision prise sans avoir été concertés. Comme si la réalité était trop brutale et leurs ressentis dévoilés trop impudiques. Ils peuvent s'insulter mais ne peuvent partager leur vérité.

Certains se racontent tout, se connaissent par cœur, sont des piliers les uns pour les autres mais se voient peu.

Certains s'aiment et se le disent, se câlinent… Quand d'autres sont incapables de la moindre tendresse partagées, même s'ils s'aiment également.

Certains créent du lien dans les conflits et d'autres vivent la famille comme un havre de paix hors du tumulte quotidien.

Chaque famille a ses codes, ses repères, chaque famille est singulière et particulièrement dans ses étrangetés. Voilà pourquoi quand deux familles se rencontrent, il y a un temps d'observation et d'adaptation pour en apprivoiser les contours, pour se familiariser avec le fonctionnement de l'autre. Ce qui peut être brutal pour les uns n'est que routine pour les autres ; Ce qui est confidence, intimité, soutien pour les uns fait violence à ceux qui n'ont pas appris à se dévoiler...

C'est en avançant ensemble que nous construisons les codes d'un système et nous en sommes acteurs chacun à notre manière, en perpétuant ce fonctionnement ou en le laissant faire sans rien dire ou en le bousculant.

Dans le cadre de mes activités professionnelles, je rencontre de nombreuses personnes, enfants comme adultes, et dans chaque situation douloureuse, la même raison apparaît : le manque de considération.

Le besoin d'être considéré et d'être reconnu est fondamental aux êtres humains. Que ce soit dans la relation amoureuse, amicale, parentale ou dans la vie professionnelle. Chaque fois qu'une personne exprime un mal-être, voire une souffrance, elle dit entre les lignes : « *Je ne me sens pas considérée* ».

Et bien souvent, derrière ce manque se cache un problème de communication. Je vois parfois des équipes de professionnels dire combien ils se sentent seuls, livrés à eux-mêmes dans des situations complexes, sans aucun soutien de leur hiérarchie qui ne les reçoit que s'il y a quelque chose à leur reprocher. J'entends des couples dire qu'ils ne se sentent plus aimés ou considérés parce que l'autre n'exprime que ce qui ne va pas entre eux. Quant aux enfants et ados, ils ont souvent l'impression de ne pas correspondre à ce que les adultes attendent d'eux.

La plupart des gens aiment leur conjoint, leurs enfants, ont confiance en leurs collaborateurs ou employés… Mais ne pensent pas à le dire, à resituer le bien-fondé de ces alliances et ne remplissent pas le réservoir relationnel des humains.

Comme si la normalité était que tout se passe bien, que tout fonctionne et qu'ils ne pensent à intervenir que si quelque chose enraye la bonne marche des situations. Or, hormis dans les contes de fées, qui ressemblent bien peu à la réalité, la vie est faite d'obstacles à dépasser, de challenges à relever, de ressources à développer. Le bien-être et la facilité existent aussi bien sûr, mais comme des petits miracles qu'il est bon de repérer, d'honorer et de savourer.

Par ailleurs, quand tout se passe bien dans les missions professionnelles, c'est bien souvent grâce à la compétence des équipes. Saluer leur engagement, leur adaptabilité, leur réactivité est essentiel pour reconnaitre tout ce qu'ils mettent en œuvre pour que tout se déroule bien. Se sentir épanoui et heureux en couple, tient bien souvent à l'investissement de deux êtres qui mettent tout en œuvre pour que ce terreau soit fertile, porteur de positif. Reconnaitre cette chance d'être accompagné par une bonne personne sur le chemin de la vie qui amène son lot de bonnes et mauvaises surprises, est fondamental pour apprécier pleinement ce bonheur et la personne qui participe à ce bien-être. L'amitié se nourrit, se cultive et profite de l'investissement des personnes qui la composent. Se sentir chanceux d'être bien entouré, soutenu, en confiance permet à chacun de sentir la force de la place qu'il a.

Chaque être humain a besoin de reconnaissance, de considération et si chacun prenait le temps de ce regard, de cette parole, de ce message, de ce RDV professionnel, bien des maux seraient apaisés. Cela redonnerait la force de dépasser les obstacles que la vie impose parfois.
Je vois tellement de gens changer de travail, quitter un conjoint ou rester en subissant, d'enfants et d'adolescents accumuler un manque de confiance en eux par manque de

considération, par sentiment de solitude, par lassitude de ne pas être reconnus pleinement.

Communiquer sur le bon, sur ce qui fait du bien, sur ce qui permet au cercle d'être vertueux, est fondamental pour nourrir les humains. Cette nourriture ne dépend que de nous, nous la produisons nous-mêmes, nous en sommes maitres, elle évite bien des symptômes. C'est une source inépuisable pour qui sait l'alimenter. Et une richesse dont il est bien dommage de se passer.

Il y a des faits et des opinions, il est parfois complexe de les distinguer tant notre vision des choses devient réalité.

Je n'aime pas le bruit, il m'agresse, me dérange souvent, c'est mon ressenti, ma réalité et en ce sens, j'ai raison. Il se peut que quelqu'un qui vit dans la même pièce que moi ne soit aucunement dérangé par cette situation et trouve l'ambiance joyeuse, pleine de vie et apprécie. C'est sa réalité et en ce sens, il a raison également. On peut avoir chacun raison en ayant deux points de vue différents sur la même situation. Parce qu'il ne s'agit pas de faits mais d'opinions.

Avoir la capacité de percevoir la réalité de l'autre ouvre un univers infini de possibilités, de richesses et de compréhension. Croire que la réalité ne passe que par nos filtres réduit le monde à quelques centimètres carrés et enferme tout le monde. Celui qui capture le monde dans sa seule réalité se prive de la richesse de la diversité d'histoires de vie, de ressentis et d'expériences. Et celui qui est capturé, emprisonné dans la réalité de l'autre meurt, n'existe plus, puisque sa réalité n'est pas considérée et acceptée.

Il n'y a ni tort, ni raison, il y a des perspectives différentes qui, toutes réunies, constituent la réalité globale. C'est en considérant que chacun a une réalité, que l'on peut débattre, confronter nos avis, élargir nos points de vue. Si l'on ne peut considérer que l'autre est autre et voit le monde à partir de faisceaux d'informations différents des nôtres alors échanger est impossible et l'on entre dans un combat où l'un doit être vainqueur et l'autre perdant. Le combat vit entre deux couleurs, le noir et le blanc. Le débat se nourrit de nuances, d'une palette plus large de couleurs.

Un débat d'idées se veut enrichissant pour tous, que l'on soit en accord ou non, d'ailleurs. Contrairement au combat qui a pour but de faire taire l'autre pour assoir son pouvoir. Chaque point de vue est relatif à ceux qui les exposent, et donc directement en rapport avec leurs valeurs propres, leur éducation, leur rapport au monde, leur zone d'acceptation ou d'intolérance. Ce n'est donc pas un fait, c'est un point de vue.

J'ai le droit d'être touchée par une situation et qu'elle t'indiffère. Tu as le droit d'être énervée par le comportement de quelqu'un, alors qu'il me fait sourire. Il pleut aujourd'hui est un fait, trouver cette journée triste est une opinion. Elle pourrait également être considérée comme une super journée pour rester au chaud chez soi.

Accepter que nous sommes tous différents et que chacun a forcément des raisons propres pour faire tel ou tel choix, nous sauverait de bien des quiproquos, et d'un clivage gagnant/perdant dont personne ne peut sortir indemne.

Bien des fois, je mesure que je ne pourrais pas vivre de la même manière qu'untel, que nos choix de vie divergent sur de nombreux points. Mais je n'ai pas pour autant l'impression qu'il a tort. Je fais le constat que nous sommes différents. Que notre façon de vivre, de chercher le bonheur, de se comporter, d'être en lien marquent nos différences et que cela influence sans aucun doute nos choix de métier, d'amis, de rythme de vie. C'est par cette diversité que le monde se construit. Certains ont besoin d'un certain niveau de vie financier, d'autres se contentent de peu et place leur essentiel ailleurs, certains adorent la nature, d'autres ont besoin de bruit, de mouvement. Il n'y a pas de bonnes ou de mauvaises catégories, juste une diversité d'humains.

Cette diversité occasionne évidemment une multitude de réactions possibles qui nous conviennent plus ou moins. Ce qui va faciliter certaines alliances ou provoquer l'effet aimants contraires. En faire le constat économise tout jugement de valeur. Il n'y a rien à combattre, ni même à débattre finalement.

J'aime cette richesse de points de vue, j'aime aller à la rencontre de cette diversité, elle me donne une visibilité à 360°, un tableau plein de reliefs, de profondeur, de légèreté, de couleurs. J'aime moins ceux qui veulent enfermer le monde dans un faisceau étriqué, ce couloir m'oppresse, pas assez d'ouverture, pas assez de lumière et de possibilités.

Alors merci à ceux qui partagent leurs points de vue, leurs ressentis, leurs émotions, et qui enrichissent nos vies dans le respect de la diversité

Quand un adulte oublie combien les monstres des cauchemars lui ont fait peur quand il avait trois ans et oblige l'enfant à dormir dans le noir sous prétexte qu'il fait des caprices.

Quand un parent oublie ce que c'est d'être ado et banalise ses détresses. Une de perdue, 10 de retrouvées.

Quand un chef de service oublie son passé de professionnel de terrain et ne sait plus être à l'écoute des publics accueillis et de ses équipes.

Quand un gouvernement demande d'appliquer des protocoles draconiens et ne donnent pas les moyens de les réaliser parce que sa position haute, floute sa vision de la réalité.

Quand les ressentis du passé tombe dans l'oubli, le déni fait rage et le nombre de blessés est énorme !

Quand il est trop difficile de se reconnecter à ce que nous avons nous-mêmes éprouvé parfois, alors nous préférons fermer les yeux sur tout ce qui nous y ramène. En fermant les yeux, on nie ce que l'autre traverse. On ne peut alors pas l'aider à activer ses ressources et tout le monde se retrouve freiné par les peurs, les détresses ou les déceptions.

Garder les yeux ouverts sur nos propres ressentis nous permet de mieux accueillir ceux de l'autre et alors riches de cette rencontre, on avance, on tente, on construit, on espère…Et on vit pleinement.

Etre Humain...

On dit qu'il est légitime de se tromper, d'être fragile parfois, de douter, parce que nous sommes humains et donc faillibles. On dit aussi que c'est inhumain d'être malhonnête, violent, inconscient des conséquences de ses actes.

L'humain se découvre à chaque étape de la vie, limité un jour, compétent un autre, au gré des expériences qui le forgent, le font grandir. S'il est effectivement humain, il peut aussi avoir des comportements inhumains.

Quand un avocat cherche à démontrer avec ferveur la culpabilité d'un être en sachant qu'il est innocent, juste parce qu'il joue sa réputation : Ce n'est pas humain.

Quand un homme accuse sa femme de mériter les coups qu'elle prend : Ce n'est pas humain.

Quand une institutrice punit tout le monde injustement, parce qu'elle n'a pas vu ce qu'il s'est passé : Ce n'est pas humain.

Quand un homme noir meurt, étouffé au sol parce qu'il est noir : Ce n'est pas humain.

Quand on dit à une enfant qui est en jupe qu'elle l'a bien cherché : Ce n'est pas humain.

Et pourtant ce sont des humains qui agissent ainsi. On doit alors chacun avoir notre définition de ce qu'est être humain.

Etre humain, c'est avoir le souci de l'autre, partager, échanger, participer au bonheur de ceux que l'on aime et s'en réjouir, agir dans le respect des diversités, toujours faire de son mieux, considérer l'autre…

Être Humain, c'est cultiver ses valeurs et toujours les porter plus haut. C'est être digne, élevé, grand. Être Humain ne souffre d'aucune médiocrité, d'aucune mesquinerie.

Être Humain amène de la fierté, de la grandeur.

Tous les humains qui font l'unanimité, qui ont laissé leur nom dans l'histoire, font preuve d'une vraie grandeur d'âme. C'est donc sur ce terrain que se situe l'Etre Humain.

Je vis des moments de grande humanité qui me rendent fière d'être humaine. Et je vis aussi, comme chacun, des moments bouleversants où l'humain me déconcerte, me laisse sans voix.

C'est probablement à la croisée de ces extrêmes que se situe l'humanité… Pour le meilleur et pour le pire.

Gagnant/perdant...

— *Elle ment, détourne la réalité, invente de nouveaux contours à ce qu'il s'est passé pour ne pas assumer ses torts. Tu dois te défendre !*

— *Je ne le ferai pas. Me défendre m'obligerait à entrer dans un combat avec elle, à prendre les mêmes armes et la blesser. Je ne veux aucunement jouer à ce jeu malsain. Elle n'a que cela à me proposer, c'est son fonctionnement, pas le mien. J'ai le droit de refuser ce rôle.*

— *Mais c'est ce qu'elle fait, elle !*

— *Oui mais je ne suis pas elle. Et si je le devenais, c'est à cet endroit précis que je perdrais tout ce qui m'importe. Je fais le choix de l'honnêteté et de la fiabilité. Elle ne peut jouer que la carte de la mesquinerie et de la manipulation. Tu crois en apparence qu'elle gagnera puisqu'elle va obtenir ce qu'elle veut et ne pas payer ses erreurs. Regarde de plus près, que gagne-t-elle vraiment ? La perte du lien de confiance, la déception, l'indifférence, l'éloignement de tous ceux sur qui elle pouvait compter.*

— *Il faut qu'elle l'entende, elle doit se prendre la réalité en pleine face, elle n'a pas tenu parole et te pointe du doigt à coup de mensonges pour détourner l'attention.*

— *C'est véritablement malhonnête, c'est vrai, mais pourquoi fait-elle cela à ton avis ? Et envers qui est-elle la plus malhonnête ? Elle a promis des choses et ne tient pas ses engagements. Comme elle ne peut pas donner d'explications, elle ment pour me discréditer. Regarder en* face ses incohérences et sa malhonnêteté doit probablement être trop violent pour qu'elle puisse s'en excuser ou expliquer les raisons de sa promesse bafouée. L'image qu'elle se fait d'elle-même en serait trop ébranlée alors elle détourne pour ne pas avoir à remettre en question ce qu'elle est. Je peux la confronter, la neutraliser en lui mettant le nez dans la situation nauséabonde qu'elle a créée. Que vais-je obtenir ? Sa rage ou sa détresse. A quel endroit pourrais-je ressortir soulagée d'obtenir l'un des deux ?!

Les persécuteurs sont souvent bien plus fragiles qu'il n'y parait. Leur seule force tient dans le fait d'utiliser la violence psychologique et de blesser ceux à qui ils s'adressent. Je ne tirerai aucune gloire à user de ces armes destructrices qui permettent d'obtenir ce que l'on veut parce que l'on met l'autre à terre. Je ne deviendrai jamais ce que je ne veux pas être, quel que soit le jeu que joue l'autre. Chacun son chemin. Si celui qu'emprunte l'autre ne me convient pas, je ne le suis pas. Je ne suis pas laissée sur le côté, je suis là où je veux être.

Assumer ses torts, les reconnaître, les verbaliser et les accepter comme un élément du décor demande de la solidité intérieure, du courage. Se savoir faillible, imparfait n'est pas si simple et certains peinent à l'accepter. Alors ils s'en défendent pour ne pas s'écrouler.

— Oui mais c'est extrêmement injuste qu'elle croit avoir raison et qu'elle ne te donne pas ce qui te revient.

— C'est regrettable oui, j'éprouve de la colère oui, un sentiment d'injustice évidemment. Mais dans cette histoire hormis de l'argent, je n'ai rien perdu de ce qui m'est essentiel. Je ressors de cette histoire avec mon intégrité, ma fiabilité et mon Intelligence relationnelle. Ce n'est pas son cas !

Alors si tu souhaites raisonner en termes de gagnant/perdant, qui a perdu le plus ?? ».

Alors si tu souhaites raisonner en termes de gagnant/perdant, qui a perdu le plus ?? ».

Le handicap...

L'intelligence est dans les yeux de celui qui regarde.

La différence provoque toujours une réaction et elle se comprend. Quand on a toujours vu des poires vertes, si on tombe sur une poire rouge, notre cerveau marque forcément un temps d'arrêt. Même sans jugement. Comme si l'information reçue ne parvenait pas à entrer dans une case connue.

Voilà ce que peut provoquer le handicap et la différence de manière générale. C'est une réaction instinctive qu'il vaut mieux accueillir comme compréhensible plutôt que la cacher, la juger ou culpabiliser.

Ce temps d'arrêt est souvent dû à la méconnaissance, à l'effet de surprise, à l'inconnu. Pour changer ce temps de blocage en mise en mouvement d'accueil, de lien, de rencontre, il faut des informations pour comprendre. Rendre connu l'inconnu.

Expliquer la différence de rythme, la lenteur ou l'agitation, les mouvements anarchiques, les expressions faciales, les crispations corporelles, les cris, le silence, le retrait ou le surinvestissement, les rires incontrôlés...

Bien souvent, la différence étant vue comme un manque, une déficience, quelque chose qui ne fonctionne pas comme tout le monde, cela peut occasionner un sentiment de pitié qui provoque un élan d'infantilisation. Ils ne peuvent pas le faire comme tout le monde, donc on fait pour eux. On pense leur faciliter la tâche, mais en faisant pour eux, on leur envoie aussi ce message : « *Comme tu n'es pas capable, je fais à ta place* ». En imposant nos compétences, nous cristallisons leurs limites, et les accentuons même.

Nous présupposons qu'avec le handicap, ils ne peuvent pas comprendre alors nous n'exigeons rien. Nous laissons faire ce que nous n'accepterions pas de quelqu'un dans la « norme ». Et en n'ayant aucune exigence d'évolution, nous les figeons et les enfermons dans un rôle de personnes limitées.

Sommes-nous en capacité de les imaginer hors de ces cases dans lesquels notre cerveau les fige ? Sommes-nous en capacité d'adapter notre rythme ? Les laisser faire à leur manière ? Accepter le cabossé ? Le hors-norme ? Il faut le reconnaître, ce n'est pas si simple !! Parce que ce qui nous sort de nos repères nous agace, nous angoisse parfois, nous stresse. Accueillir la différence, quelle qu'elle soit, demande un réajustement de nos élans naturels.

Le regard que nous posons sur eux est limité. Alors finalement qui est handicapé ? Qui peine à s'adapter à l'autre, à ce qui ne fonctionne pas comme nous ?

Nous sommes en fait assez similaires en termes de limites…

Imperfection et responsabilités...

La plus belle des qualités relationnelles est celle qui facilite les relations. Ce n'est pas la perfection qui est requise, mais la capacité à accepter qu'on ne l'est pas justement. C'est accepter que nos limites occasionnent parfois des déceptions, des blessures et des frustrations. Pouvoir l'entendre et l'accepter offre la possibilité de communiquer pleinement dans le respect de chacun et d'avancer ensemble sainement. Accepter d'entendre : *« J'ai été blessé quand tu as dit cela » « J'aurais aimé que tu sois plus présente » « J'avais besoin que tu me parles »*...

L'accepter permet d'envisager que l'on peut impacter négativement, même sans le vouloir. Par ailleurs, s'excuser n'est pas une preuve de culpabilité mais démontre que nous considérons le ressenti de l'autre. Si je bouscule quelqu'un parce que j'ai perdu l'équilibre, je vais m'en excuser même si je n'avais nullement l'intention de lui nuire. C'est un réflexe de politesse. Je n'ai pas cherché à lui faire mal mais en le bousculant, j'ai tout de même agi sur lui.

Je vois ces adultes qui souffrent encore de faits qui se sont produits lorsqu'ils étaient jeunes et qui pour se réparer auraient tellement besoin d'entendre *« Je suis désolée de t'avoir blessé »*. Pour se sentir reconnus dans ce qu'ils ont ressenti, vécu. Il est parfois difficile lorsque l'on est parent de reconnaitre avoir mal agi, tant la volonté de la plupart des parents est de faire du mieux possible pour leurs enfants. Le constat est le même dans le couple : s'excuser d'avoir blessé l'autre permet de le reconnaitre dans son vécu, mais cela demande un courage certain.

Lorsque quelqu'un met en lumière nos failles, et nous dit en être victime, les réactions de refus sont souvent fortes, tant être confrontés à nos imperfections et nos limites est complexe. Quand on ne veut pas voir cette partie de nous, nous refusons que les autres la voient également et nous avons tendance à nous défendre de ce que nous vivons comme une attaque.

En refusant les conséquences de nos limites, nous nions les blessures qu'elles peuvent occasionner. Nous étouffons le feu, sans jamais l'éteindre. En bafouant notre responsabilité, nous blessons alors une deuxième fois les gens. Et ce manque de reconnaissance est presque plus douloureux que le premier jet.

Ainsi mieux vaut s'entourer de personnes joliment imparfaites qui s'assument pleinement.

« Les erreurs ne se regrettent pas, elles s'assument.
La peur ne se fuit pas, elle se surmonte.
L'amour ne se crie pas, il se prouve »
Simone Veil

La dictature des cons…

Il parait qu'on est tous le con de quelqu'un.

L'un roule lentement et ralentit tout le monde, perdu dans ses pensées parce qu'il est préoccupé, il se fait doubler par une personne qui est en retard et qui, excédé, klaxonne au passage, il se rabat rapidement devant celui de devant, qui l'injurie parce qu'il a eu peur… Qui est le plus con dans cette histoire !? Chacun aura un avis sur celui qui est à l'origine, qui a eu la pire réaction, qui a eu tort. Parce qu'on a tous notre définition de ce qui est adapté et acceptable.

Mais au milieu de toutes ces interprétations subjectives, il y en a qui font l'unanimité, qui font consensus auprès de la majorité !

Ceux qui pensent que s'ils sont heureux, tout le monde l'est. Que l'analyse du monde passe par leur prisme. Que soi=l'autre ! Qu'il n'y a qu'une vérité et que c'est évidemment la leur qui prime. Que penser différemment d'eux, confirment leur croyance que vous êtes nuls et qu'ils sont supérieurs. Que leur logique est évidente et ne doit souffrir d'aucune remise en question. Que parler plus fort que tout le monde vaut argument. Que parvenir à faire taire l'autre signifie qu'ils ont raison. Qu'avoir vécu une situation permet de généraliser à toutes les situations. Qui s'énervent fort dès qu'ils sont en tort. Qui vous rendent coupable de leurs propres erreurs. Qui préfèrent nier plutôt qu'assumer. Qui pensent systématiquement que vous vous exprimez mal lorsqu'ils ne comprennent pas le propos.

Vous êtes face à l'un d'eux quand vous préférez vous taire plutôt que provoquer leurs réactions excessives, leurs colères, leurs incompréhensions. Quand votre silence accentue leur croyance d'avoir raison et qu'ils ne perçoivent pas que vous vous taisez par dépit ou pour maintenir un semblant de paix.

Si toutefois vous avez un doute sur votre catégorie, quelques indices peuvent vous permettre de vous situer :

Si vous avez souri en lisant ces mots, si vous avez vu quelques visages passer, des noms s'afficher dans vos souvenirs, revu des situations déjà vécues, alors vous êtes probablement seulement le con de quelqu'un.

Si par contre, ces mots vous énervent, que vous vous demandez pour qui je me prends en écrivant tout cela, et que je suis bien une « bonne femme » pour écrire de pareilles choses alors soyez fiers de vous, vous montez sur le podium de ceux qui inspirent certains écrits… Et je vous dédie ces mots !!

L'amitié…

L'amitié est un espace de vérité, un espace dans lequel on apprend à être soi, où l'on est choisi et aimé tel que l'on est. Il y règne tout ce qui constitue les relations humaines : la rencontre, les affinités, les évidences, les désaccords, les réajustements, la proximité et l'absence parfois, l'attachement, l'engagement.

L'amitié accompagne dans tous les moments de la vie. C'est un espace que l'on crée à deux ou davantage, que l'on alimente, et dans lequel l'énergie naturelle circule.

L'amitié n'est pas un lien subi mais choisi. Elle ne relève d'aucune obligation. Elle existe pour faire du bien, pour rire, pour échanger, pour partager, pour soutenir, pour accompagner, pour se sentir important, aimé et bousculé parfois. L'amitié est un espace fertile qui fait émerger le meilleur chez chacun des êtres qui l'investit sans masque.

C'est l'engagement éternel des êtres qui se connaissent par cœur, qui se sont vus dans toutes les situations, même les pires et savent comment participer au bien-être de l'autre. Ce sont les témoins secourables sur le chemin de la vie, ce pas de côté que l'on ne sait pas toujours faire seul, ce regard qui éclaire quand il fait sombre. L'amitié connaît les fragilités de l'autre, les regarde avec empathie et sait comment les accueillir et les combler. Elle sait aussi valoriser les forces et leur permettre de se développer.

Parce que l'amitié veut tout le bien du monde à l'autre, en sachant s'enrichir de sa lumière sans jamais être gênée par son ombre.

C'est tellement précieux, et essentiel l'amitié. Chaque amitié a sa couleur, son style, son énergie. Elle est unique, à la hauteur des personnes qui la créent et l'enrichissent. C'est un véritable cadeau qu'il faut honorer et dont il faut prendre soin.

Il n'y a pas que les gènes qui créent des « F'Ami(e)s »...

Les trainés noires...

Il y a des personnes que l'on croise et que l'on a envie de voir encore et encore. Elles font du bien à nos vies, elles embellissent le quotidien ou les courts instants au cours desquels on partage l'essentiel. Elles déposent dans chaque espace de notre être du bon, du positif, des petites explosions d'évidence.

Puis il y a les personnes qui parviennent en deux mots, en un mouvement, en une attitude, une expression faciale, à assombrir tout ce qui les entoure, nous avec. A l'aide de critiques, de mauvais esprit, de plaintes, de jugements, ils parviennent en un temps record à impacter notre humeur, notre élan naturel. Ces gens bloquent, empêchent, blessent, énervent, agacent.

Il y en a qui se repèrent très facilement, ils portent sur eux le pessimisme, l'abattement, l'aigreur, la jalousie, on peut alors facilement éviter le contact pour ne pas être envahi par ce fonctionnement qui leur appartient.

Cela devient complexe quand le sombre se drape de couleurs, de sourires, de générosité apparente, d'élan positif pour finalement masquer des profondeurs moins agréables. Quand notre Oui intérieur instantané se transforme en goût amer. Quand on ouvre nos bras pour aller vers et que l'on se retrouve dans un espace relationnel désagréable, parfois nauséabond.

On croise rarement des personnes qui ont pour principal but de noircir la vie des autres, qui volontairement assombrissent la relation, et pourtant certains excellent en la matière. Nombreux sont ceux qui ne veulent de mal à personne, et qui pourtant en font. Comme une espèce de don à déposer derrière eux des trainés noires dans lesquelles il est préférable de ne pas marcher pour ne pas s'en mettre partout et le ramener chez soi.

Ces personnes détiennent le pouvoir d'impacter l'autre de manière si désagréable. Et nous avons le choix de ne pas le leur donner. Pas sûr qu'elles tirent un grand avantage à jouer ce rôle, inutile donc de le leur laisser. Nous sommes maitres des couleurs que nous choisissons dans le tableau de vie que nous peignons, si les leurs ne nous conviennent pas, nous ne sommes pas obligés de les utiliser.

Alors mieux vaut diluer, faire des mélanges, des choix en accord avec ce qui embellit notre chemin, dans le respect de ce que nous sommes et avec la volonté de faire alliance avec le meilleur de l'autre. Le reste, leur appartient, laissons-leur, libre de faire ce qu'ils en veulent, nous, nous n'en avons pas besoin.

Est-il possible de ne pas porter de jugement ? A entendre le nombre de projections qui circulent des uns sur les autres et vice versa, je ne peux que constater que la neutralité est un mythe.

A quel moment les gens ont-ils commencé à reconstituer la réalité de l'autre, en traduisant des pensées qu'ils imaginent, en supposant et en plaquant cette vérité qui n'appartient qu'à eux, à partir de leur unique filtre ? A quel moment les gens ont-ils décidé de faire ce qui les blesse eux-mêmes ? Personne n'aime être jugé, étiqueté, enfermé dans des a priori, des suppositions, des définitions de ce qu'ils seraient et dans lesquelles ils ne se reconnaissent pas !

Etiqueter permet de sortir de l'inconnu, de trouver des explications, de poser des mots sur ce qu'on ne maitrise pas, pour classifier peut-être !? Il y a probablement des vertus rassurantes au jugement. Il parait que tout a une intention positive, même bien cachée.

Depuis plusieurs mois par exemple, avec ces masques, nous ne percevons alors que la moitié des visages. De manière assez instinctive, notre œil reconstitue l'ensemble en fonction de ce qu'il pense harmonieux, en fonction de la forme des yeux, des oreilles, des pommettes. Nous nous rendons compte de cette reconstitution instinctive quand les gens ôtent leur masque, et que nous sommes surpris par ce que nous découvrons. Ce visage complet que nous avions imaginé est rarement celui qui apparait. Le nez est plus timide ou vraiment plus imposant que ce que nous avions présupposé, le menton est plus rentré, les joues plus rondes ou creuses. Nous imaginons en fonction de nos critères de beauté, ce que l'on estime harmonieux. Ce sont des projections et elles sont rarement conformes à la réalité.

Nous faisons de même avec la vie des gens. Les personnes publiques, en font souvent les frais. Nous ne connaissons qu'une partie d'eux, celles qu'ils exposent et notre imaginaire fait le reste. On les imagine en famille, entre amis, dans l'intimité, dans des villas de luxe, très entourées, riches, aimées. Pas sûre que cela corresponde pourtant à la réalité.

Ces projections sont humaines mais définissent davantage nos propres contours, bien plus que ceux auxquels elles s'adressent. Rendons alors à César ce qui appartient à César.

Quand le silence rime avec violence...

> *« Chaque parole a une conséquence.*
> *Chaque silence aussi. »*
> *Jean-Paul Sartre*

Si les mots sont importants, le silence l'est tout autant. Grandir sans mot, peut également être très violent. Quand un enfant fait des bêtises espérant faire réagir ses parents et qu'ils ne disent rien, qu'en déduit-t'il ? *« On ne s'intéresse pas à moi, je ne compte pas pour eux ».*

Sans accueil, la souffrance se vit dans la solitude, dans l'isolement, dans l'abandon relationnel. Sans ces mots ou attitudes qui disent *« Je suis là » « Je t'écoute » « Je te reçois », « Je t'accueille »,* qui veulent dire *« Tu existes pour moi » « Tu es important » « Ce qui t'arrive existe dans ma réalité »,* les gens se retrouvent seuls face à eux-mêmes. Dans la violence du silence !

Cet ancien enfant me raconte combien ce qui reste gravé dans sa mémoire est le silence de sa mère quand son père l'agressait. Ne pas avoir été protégé a rajouté une violence supplémentaire aux coups reçus. Qui s'est traduit en *« Pour qui je compte vraiment ? » « Je ne suis pas important » « Je mérite ce que je reçois puisque personne ne l'empêche » « Suis-je aimable ?».*

D'autres témoignent de leur incompréhension face au silence de tout un village qui savait et qui n'a rien fait. Pour ne pas s'attirer d'ennuis, pour ne pas attirer l'attention sur eux, ils ont fermé les yeux et se sont tus.

Le silence peut alors être aussi violent que les mots.

La relation humaine demande de la responsabilité, de l'investissement. Vivre en société nécessite de se positionner, de prendre sa place, se sentir concerné par ce que l'on voit, entend. Et ne rien faire est aussi une manière de se positionner.

> *« Ce qui m'effraie, ce n'est pas l'oppression des méchants ; C'est l'indifférences des bons. »*
> *Martin Luther King*

Quand les réalités se rencontrent et se heurtent...

Il y a tellement de manières de blesser même sans intention de le faire : en étant en désaccord verbalement, en faisant des choix qui diffèrent, en étant absent ou trop présent, en blaguant même.

Se pose toutefois une réflexion primordiale : Se sentir agressé, veut-il toujours dire que nous avons été agressés ? Etre blessé par les mots ou l'attitude de quelqu'un veut-il toujours dire que l'autre en avait l'intention ?

On appelle cela une lecture de pensée : croire que l'on pourrait lire dans les pensées de l'autre et en déduire ses intentions, celle de nuire, d'avoir agi en toute connaissance de cause. C'est parfois le cas évidemment, mais bien souvent on prête des intentions aux autres qui ne reflètent pas leur réalité. Il y a souvent un écart entre ce que nous ressentons et la conscience que l'autre peut avoir de notre sensibilité et de nos limites. Et c'est dans cet espace que circulent tous les malentendus.

Je vois certains être en lien en se vannant, en accentuant les failles d'un des leurs, pour faire rire tout le groupe au dépend d'un seul. Là où je perçois de la violence, ceux qui fonctionnent ainsi rient, se sentent complices, liés et se comprennent dans cet espace qu'ils nomment humour et joute verbale. J'observe ces pères qui travaillent beaucoup, en pensant bien faire pour mettre leur famille à l'abri et ignorer le vide qu'ils laissent en sortant de chez eux. Je vois ces femmes pousser leurs conjoints à exprimer leurs ressentis, leurs inquiétudes et qui les bousculent en voulant mettre des mots, quand le retrait les apaise. J'entends ces femmes hurler leur solitude dans la relation amoureuse, quand l'autre pense les respecter dans le silence. Je rencontre ces parents qui, pensant bien faire, trouvent des solutions aux problèmes de leurs enfants, les infantilisent et les privent de cette capacité à se développer, à découvrir leurs ressources.

Ces blessures relationnelles prennent racines dans la maladresse, l'inconscience et même l'humour. C'est à travers le prisme de leur réalité qu'ils sont touchés, blessés, et en cela c'est une vérité. Mais si leur ressenti est vrai, la supposée agressivité de l'autre ne l'est pas.

Par ailleurs, qui peut estimer que certaines blessures relationnelles ou certaines vexations valent davantage que d'autres ? Que certaines seraient légitimes quand d'autres seraient exagérées ? Selon quels critères, certaines n'auraient pas de valeur, seraient contestables ou fausses !?

Impossible de juger ce qui ne nous appartient pas. Accueillir, écouter, tenter de comprendre la réalité qui n'est pas notre, est primordial pour favoriser des espaces de respect mutuel. Une attention toute particulière s'impose encore davantage quand on ne partage pas le même cadre de référence. C'est dans ce mouvement que nous pouvons rencontrer l'autre... Le rencontrer vraiment.

Elle est là mon évidence, l'autre n'est pas moi, je ne suis pas l'autre et je suis toujours curieuse de découvrir qui il est et ce qui lui a permis de se construire ainsi. Je me garde bien d'avoir un avis sur ce que je ne connais pas. Et je laisse l'autre me conter son histoire, sa réalité.

Qui serais-je pour dessiner les contours du bien et du mal, du correct et incorrect ? Qui peut bien penser qu'il en connaît les emplacements parfaits et qu'il peut donc les plaquer comme des évidences ? Hormis les dictateurs peutêtre...

Je vais à la rencontre de l'autre, sans a priori, comme une exploratrice, ravie de découvrir au détour d'un virage, cette lumière qui éclaire tout différemment.

Au-delà des Apparences...

Les apparences ne sont pas ce que je vois en premier lieu, mais le monde infini qu'elles enveloppent. Aller à la découverte de ce qu'il y a Au-delà des Apparences rend les relations tellement intéressantes et surprenantes.

On entend souvent dire que la vie est dure, que ce n'est pas un long fleuve tranquille, qu'on est loin des contes de fées qu'on nous lit lorsque nous sommes enfants.

Je m'interroge : La vie pourrait-elle être telle qu'on la rêve ? Peut-on continuer de cultiver l'illusion d'une vie idéale ? A quoi ressemblerait l'idéal, dans un monde où les individus sont si singuliers ?

Comment la vie pourrait-elle être parfaite pour ceux qui aiment le silence des grands espaces naturels et combler également ceux qui adorent l'ambiance des gros festivals en pleine foule ? Honorer les souhaits de ceux qui veulent une famille nombreuse et offrir la liberté à ceux qui chérissent leur célibat…

Dans les structures dans lesquelles j'interviens, quand un chef propose un changement pour répondre aux besoins de certains, il déplait toujours à une partie de l'équipe. Parce que les besoins diffèrent. A petite échelle, contenter tout le monde est déjà mission impossible alors comment LA vie pourrait-elle remplir cet espoir d'idéal que nous cultivons tous !?

Se lamenter sur l'imperfection de la vie et les désillusions qu'elle occasionne démontre notre difficulté à considérer le réel. L'idéal de l'un n'étant pas celui de l'autre, vivre ne peut qu'être constitué de concessions. Sauf pour les dictateurs qui ont une vision très claire du bien et du mal et qui l'impose à tous. Inutile d'en souligner les terribles conséquences.

Oui la vie est décevante et brutale parfois, mais au fond n'est-ce-pas notre désir de perfection qui n'est pas conforme à la réalité ? La vie est réelle pas illusoire.... Nos désirs le sont parfois.

La seule chose que nous récoltons, en étant perpétuellement déçus, en colère ou en attente de mieux, est d'habiter un costume de victimes. Comme si subir faisait partie des prérequis à la condition humaine.

Pourtant quand je vois le sourire des enfants d'une autre partie du monde qui n'ont ni habitation stable, ni nourriture quotidienne, je me demande ce qui nous amène ici à nous sentir si régulièrement accablés. Qu'est-ce-qui amène les personnes issues de pays dits riches, à être si souvent en détresse ?! Etre proches d'une forme d' « idéal », nous empêche peut-être d'en supporter les failles ?

Je le mesure parfois que je vois les enfants, qui possèdent tout, vivre des frustrations immenses de ne pas avoir le dernier jouet, alors que ceux qui ont bien moins se réjouissent d'un simple bout de plastique pour construire un bateau dans un cours d'eau.

Trop de confort et de facilité pourrait-il paradoxalement être à l'origine d'un bonheur fragile ?!

Par ailleurs, dans nos sociétés, avoir une vie difficile comporte une idée de courage. Comme si cela démontrait que l'on est capable de s'en sortir malgré tout. Des apprenants que j'accompagne sont presque gênés d'avoir la vie facile et me demandent s'ils sont légitimes pour exercer certains métiers. La détresse, vue sous cet angle, serait presque un atout. Lutter contre les aléas de la vie coûte pourtant beaucoup plus d'énergie que de les accepter comme faisant partie du décor. Sauf pour ceux pour lesquels se battre est finalement plus simple que de lâcher prise.

Ce rapport à la dureté de la vie et les conséquences qui vont avec, s'installent alors comme une évidence. Tout en étant perpétuellement critiqués pour entretenir ce que la vie devrait incarner.

En pensant la vie comme idéale, simple, limpide, elle ne peut s'avérer que décevante. L'humain peine parfois à trouver son équilibre entre sa vision de l'idéal et ce que le réel impose. L'humain souhaite que tout coule de source, la vie rappelle qu'elle vogue au gré du vent, des marées, des intempéries (parfois même provoqués par l'Homme lui-même). On peut se demander lequel des deux est le plus inadapté en termes de réalité ?

.

Bien sûr qu'il y a des POLICIERS qui abusent de leur pouvoir pour l'assoir sur la tête et le respect de l'autre… Et il y en a plein aussi qui se sont engagés dans l'intention de veiller à la sécurité des individus qui constituent cette société.

Bien sûr qu'il y a des gens qui sont devenus ENSEIGNANTS pour avoir des vacances régulièrement… Mais il y en a une majorité qui s'engage pleinement pour transmettre, enseigner, accompagner ces êtres en construction.

Bien sûr qu'il y a des PARENTS inadaptés voire maltraitants… Mais il y en a bien plus qui se questionnent, s'investissent pour faire du mieux possible.

Bien sûr qu'il y a des FEMMES qui pensent qu'il faut écraser les hommes pour faire valoir leurs droits… Mais il y en a bien plus qui prônent une société équilibrée où chacun a sa place et s'épanouit dans la complémentarité.

Bien sûr qu'il y a des RALEURS chroniques pour lesquels rien ne va jamais et qui en font une identité… Mais il y a aussi de nombreuses personnes qui vivent des réalités difficiles et qui ont toutes les raisons d'exprimer leur colère.

Bien sûr qu'il y a des égoïstes, des racistes, des violents, des cons, des prétentieux, des homophobes, des ignorants, des extrémistes… Ce sont des HUMAINS parmi d'autres, qui ne représentent pas TOUTE L'HUMANITE !!

Nier que la face sombre de l'humain existe est absolument irrespectueux pour les personnes qui en sont victimes… Et généraliser à tous, le comportement de certains individus, me paraît également irrespectueux pour ceux qui investissent ce monde dans le respect de l'autre.

PANDEMIE
Année 2020

Je souhaite évidemment, comme chacun de nous, que cette situation fasse le moins de victimes possibles. Et je me sens profondément liée à ceux qui la subissent de plein fouet (malades, proches et personnels soignants). En dehors de cela, j'entrevois des moments comme je les aime dans cette situation inédite. Où le lien entre les gens reprend ses droits.

Ce matin dans ce supermarché, où d'habitude les gens se croisent sans se voir, chacun dans ses pensées, dans son speed quotidien, poussés par le moment d'après, j'ai vu des regards se croiser, des personnes se sourire, s'entraider, je les ai vus patienter, accepter peu à peu cette nouvelle réalité. Il ne s'agissait plus d'individualités les unes à côté des autres qui se considèrent à peine, mais des personnes liées par une situation étrange, impensable, difficile à nommer.

Pauvres, riches, jeunes, vieux, cadres, indépendants, employés, ouvriers, hommes, femmes... Tous liés par une réalité commune, déroutante, pleine d'incertitudes ! Ensemble dans cette même ignorance du lendemain. Et nécessairement ancrés dans l'instant présent.

J'ai aimé cette manière d'être tous liés par la même réalité. Nous n'étions plus des clients quelconques dans un magasin quelconque, mais des gens unis par une situation hors du commun. J'aime la solidarité que ces événements inattendus soulèvent parfois. Les sourires qui rassurent, les échanges que cela permet, les anxiétés qui se rencontrent et se sentent moins seules.

Il faut des événements forts pour que les humains relèvent la tête pour se rencontrer et c'est cette poésie dont j'ai envie de me souvenir quand tout reprendra son cours, et que ce qui nous apparaît improbable aujourd'hui, devienne un souvenir lointain.

Je me sens chanceuse de traverser cette situation en famille, dans un endroit où il fait bon vivre, et toutes mes pensées vont à ceux pour qui le confinement accentue la solitude ou la détresse. Consciente des multitudes de réalités individuelles, je me réjouis que les gens relèvent la tête pour partager des sourires et devenir finalement proches sans se toucher.

1er Confinement- J+1

La sagesse des anciens…

Nous avons dans notre famille, la chance d'avoir une personne extraordinaire de plus de 92 ans, qui a vécu la guerre et qui en garde la plus grande sagesse. Le confinement lui rappelle quelques souvenirs bien sûr, sauf qu'à l'époque l'ennemi était plus visible et bruyant : il s'appelait bombardement !

Elle évoque cette période avec un sourire presque tendre. Ils se réjouissaient du simple bout de pain dont ils avaient le droit, et respectaient les règles comme une évidence, pour honorer la vie qu'ils se sentaient chanceux d'avoir encore.

Ils avaient bien moins de confort que maintenant et supportaient bien plus facilement le manque, la frustration, le rationnement, les limites, les restrictions, qui ont duré des années.

Le seul traumatisme qu'elle s'autorise à évoquer est la phobie des souris qui lui parcouraient les jambes quand, enfant, elle devait se cacher, sans faire de bruit, sans pouvoir crier, ni fuir.

Nous sommes tellement chanceux de vivre à une autre époque, et pourtant je me demande si nous aurons à nouveau l'occasion de croiser des regards si sages dans les yeux de nos contemporains !? En l'écoutant, je mesure combien le besoin de se protéger et le désir de sortir se confondent et éloignent de la raison.

Pour la protéger, je ne peux actuellement pas la toucher physiquement… et elle me protège aussi en m'enveloppant de ses mots, de sa beauté intérieure et de la richesse de ce qu'elle me transmet avec pudeur.

La sagesse des anciens est un exemple. J'espère que l'on pourra transmettre autant d'intelligence profonde à nos enfants.

1er confinement : J+5

Les merveilles

En cette période inédite de pandémie où une partie du monde est à « l'arrêt » (dans le chaos quotidien ou dans de bonnes conditions) et une autre se bat où milieu de l'effervescence des hôpitaux, émergent toutes les facettes de l'humain. Pour le meilleur et pour le pire !

Quand on arrive au monde, on n'a pas d'autres choix que d'en accepter les conditions générales, elles nous sont imposées : on vivra entre humains, dans une certaine catégorie de la population, avec nos caractéristiques génétiques et tout ce que l'environnement va nous proposer ou nous imposer.

Bien qu'un certain conditionnement soit en œuvre dès le départ, il nous reste tout un panel de choix individuels qu'il nous appartient de faire. Le choix de la solidarité, de l'entraide, de l'empathie, ou celui de l'arnaque, de l'individualisme, de la mesquinerie.

En cette période de crise, les choix les plus extrêmes apparaissent. Certains me font froid dans le dos évidemment. L'infirmière qui se fait virer de son logement, les masques volés et revendus, les gouvernements incohérents qui insécurisent… C'est choquant, révoltant !

Mais il y a aussi toutes ces merveilles qui émergent ici et là, qui prouvent que tout est possible, que l'humanité ne baigne pas dans l'horreur, que les humains peuvent faire naître le meilleur.

En arrivant au monde, je suis née une première fois, et pour survivre dans ce monde dont les conditions générales m'étaient imposées, j'ai décidé de me créer mes propres capacités de survie. J'ai décidé de focaliser mon attention sur les merveilles, je traverse la vie un peu comme le petit personnage de jeux vidéo des enfants, qui saute pour attraper les couronnes brillantes, je donne de l'importance à tout ce qui m'élève, qui me donne de la hauteur, de la grandeur d'âme.

Et en cette période de crise, j'en vois plein qui remplissent mon réservoir : cette femme qui fait des vidéos de sport et ouvre une cagnotte pour faire des dons aux soignants ; Ce restaurateur qui dépose anonymement des paniers d'alimentation devant la porte des médecins de sa ville ; Ces familles qui font des dessins à distribuer dans les EHPAD pour égayer la journée des personnes qui souffrent d'isolement ; Ces personnes qui fabriquent des masques de tout style pour combler les manques et participer à leur manière à la traversée de cette crise ; Ces professeurs qui passent des heures à appeler leurs élèves pour maintenir le lien, éviter le décrochage … Des petites merveilles, il y en a partout.

On n'a pas le choix de la place que l'on nous donne au départ dans la société, mais on a tous le choix de la place que l'on prend, celle qu'on se construit, qu'on réinvente, qu'on met en œuvre avec nos valeurs, nos ambitions, nos volontés.

Je suis touchée par tous les élans de solidarité et toutes les beautés humaines rendues plus visibles par cette situation exceptionnelle. C'est un espace de bonté cousue main par tous ceux qui ont fait le choix d'y participer…

1er confinement : J+19

Un confinement, un déconfinement… et des milliards de possibilités !

Il y a ceux qui comptent les jours qui les mènent au déconfinement annoncé, l'attendant comme une libération, l'oxygène retrouvée, la liberté d'aller et venir, de reprendre la vie.

Il y a ceux qui ont découvert une autre style de vie durant le confinement et qui appréhendent de se réemprisonner dans une vie quotidienne faite d'obligations, de courses effrénées, de contraintes. Et qui profitent de ces derniers jours passés ensemble hors du temps…

Il y a ceux, qui sont en 1^{ière} ligne et pour qui ce déconfinement est source d'angoisse. Qui voient ce jour arriver avec la peur de s'effondrer, épuisés sous le poids de cette probable autre vague qu'ils vont se prendre de plein fouet alors qu'ils ont déjà été si sollicités.

Il y a ceux pour qui cette nouvelle étape ne ressemble finalement pas à la fête qu'ils s'étaient imaginée il y a quelques semaines, parce qu'au fond, rien n'est réglé, le risque est toujours là et la vie ne peut pas reprendre dans l'insouciance. On ne pourra ni s'embrasser, ni se serrer dans les bras, ni danser tous ensemble, ni plonger nos mains dans les mêmes coupelles de gâteaux, sans se demander si c'est vraiment raisonnable ; Si nous ne prenons pas un risque pour nous et ceux que nous aimons !

Il y a ceux pour qui cette période aura laissé la cicatrice terrible de la perte d'un être cher et pour lesquels le retour à la vie est teinté du manque et des regrets de n'avoir pas pu être là, de n'avoir pas pu dire au revoir.

Tous confrontés à une même situation mais toujours aussi différents les uns des autres qu'avant, chacun avec ses filtres, son contexte de vie, son interprétation, sa vision des épreuves, sa manière de se positionner dans la relation à l'autre et de participer au fonctionnement de ce monde.

Certains rêvent de retrouver leur vie d'avant, d'autres espèrent fort que ce ne sera plus jamais pareil, que cette situation inédite aura changé profondément le cours des choses pour aller vers mieux… Chacun avec sa définition du mieux !

Parce que nous sommes des êtres singuliers, et que même unis dans une « épreuve » commune, nous continuerons de peupler ce monde avec nos différences… Pour le meilleur et pour le pire !

Parce que j'aime remplir mon réservoir des meilleurs moments, je me souviendrai de la solidarité, de la gratitude envers les bonnes actions, de la créativité née de cette période improbable, du soutien, de la gravité du moment qui connecte à l'essentiel, de l'envie puissante d'être ensemble et des multiples liens créés pour être proches malgré la distance…

Nous avons tous été dans le « même bateau », qui allons-nous être en en sortant !?

1ᵉʳ confinement : J+60 jours

CE N'EST QU'UN AU REVOIR

Ce sont les humains qui m'inspirent, j'ai alors besoin de les voir, de les regarder vivre, de les aimer, de les laisser me surprendre, me décevoir aussi, me choquer, me bouleverser pour éprouver l'impulsion de l'écriture. C'est alors la lumière du monde et de la vie qui m'inspirent mais j'aime l'ombre des mots. J'aime le silence des mots. J'écris en silence et j'aime provoquer ce bruit intérieur chez les gens qui me lisent.

Je n'ai pas besoin de lumière, de projecteur, j'aime l'intimité de l'écriture et j'aime rencontrer l'intimité des gens. Les livres permettent des rencontres puissantes, avec soi, avec l'auteur et les personnages qu'il dépeint. J'aime cette profondeur en huit clos.

Bien que nous soyons tous différents, les humains ont tant de choses en commun, ils peuvent avoir une multitude de comportements qui les éloignent, qui les empêchent de se comprendre parfois et pourtant, ils sont bien plus proches qu'ils ne l'imaginent. C'est pour cela que ces histoires peuvent vous toucher, vous rappeler quelqu'un, vous donner l'impression que cela parle de vous.

Parce que nous sommes humains et bien plus liés qu'il n'y paraît… **Au-delà des Apparences** !
C'est au cœur de ce qui nous unit en tant qu'Êtres dotés d'émotions, de sensibilités, de doutes, de craintes, d'ambition, et de déni aussi, de blocages, de limites, que je

vous invite à voyager lorsque mes mots viennent vous rencontrer.

Parce qu'il n'y a rien de plus puissant que ce qui nous unit...

C'est en vous que les mots prennent leur ampleur…

« *La beauté est dans les yeux de celui qui regarde.* »
Oscar Wilde

Ce n'est pas tant ce qu'il y a dans les livres qui compte, mais l'écho que cela a en vous, ce que vous allez en faire. C'est la manière dont les mots vont venir vous impacter qui donne du sens à l'écriture. A votre tour, vous devenez les auteurs de votre interprétation, avec vos filtres, votre sensibilité, vos perceptions.

Il ne s'agit pas de croire ce qui est écrit mais d'éveiller sa curiosité, de questionner ses certitudes, de sentir ce qui fait « oui » ou ce qui fait « non » à l'intérieur. De se laisser embarquer et de s'éprouver dans son humanité. Et en ce sens, de se sentir pleinement vivant.

Les mots prennent toute leur ampleur, quand on n'est plus tout à fait le même en fermant le livre. J'aime quand il y a un avant et un après ; Quand la rencontre modifie mes lignes ; Que les perspectives se redessinent ; Quand les portes s'ouvrent et agrandissent mon champ de vision.

C'est ce voyage au cœur de l'humain que je vous ai proposé. Atterrissez quand bon vous semblera, à votre rythme, dans l'ici et maintenant, complètement frais et disponible pour poursuivre votre chemin, ni vraiment différents, ni tout à fait les mêmes.

Et si le voyage vous a donné envie de vous exprimer et partager, je vous invite à déposer, à votre tour, vos mots ici ou là. Je vous lirai avec grand plaisir.

www.facebook.com/AlexandraRhein14
Au Bon Endroit au Bon Moment- Alexandra Rhein
alexandra.rhein14@gmail.com
Commentaires sur Amazon

Voici quelques-uns des mots qui ont résonné fort en moi quand je vous ai lus et reçus à la suite de la lecture de mes précédents ouvrages. Ce partage est d'une puissance infinie ! MERCI !

« Je suis ravie de pouvoir te lire autant de fois qu'il m'est de "trébucher" bien heureuse sur tes pages qui parlent tant... Il est certain que ton livre va mettre en pression pas mal d'âmes...En tout cas la mienne a goûté à ton encre et apprécie la couleur... »

« J'ai été émue aux larmes par certains passages, ta façon de traduire, de partager tes ressentis m'a bouleversé... Je suis admirative, vraiment... ta façon d'exprimer ce que tu ressens, c'est si sincère, si vrai, si poignant (...) »

« Je suis touchée de voir comment tu arrives à le faire, avec pudeur et franchise... j'adhère, j'admire et je te remercie!!! Tu es pour moi le plus bel exemple d'être »

« Je me sens riche de te connaître, de te lire, et tout simplement de savoir que tu existes.... »

« Tous ces mots sont "simples" à la portée de tous, mais ensemble, unis, serrés les uns contre les autres ils forment un mur indestructible, celui de la sensibilité et de la véracité »

« Véritable Opus d'émotion, d'expérience, de sentiment, la douleur en devient quasiment une beauté sous ta plume... Beaucoup d'émotion, merci d'avoir osé! »

« Plein d'émotions sont remontées en moi, le temps trop court de ta lecture. Tellement de fois, je me suis reconnue, avec tant de justesse, tu décrivais des sentiments que j'aurais tant aimé avoir posé sur papier comme tu l'as fait. Et tu finis par l'espoir et la vie... Quel beau voyage tu m'as fait faire, sans pudeur ni envie, mais toujours pourvue d'empathie, de partage et cette capacité rare de voir à travers d'autres regards. Merci. »

« Tu écris d'une très belle façon dans une simplicité envoûtante »

« Captivant, tu as une belle façon d'apprivoiser l'attention! Difficile de rester insensible, neutre, impartiale devant autant de sentiments... Je me retrouve beaucoup sous cette éloquence subjective et singulière perçante d'éprouvés et de réalités »

« Je suis extrêmement sensible, à ta force, ta faiblesse, ton énergie, ta ferveur, ta nostalgie, ta passion, ton engouement, ton émerveillement, ta découverte face à ce qui est profond, superficiel, émergent, urgent!!! »

« Tu es dotée d'une compréhension édifiante!!!! Tu es une grande âme. Que les ganas veillent sur ta générosité tellement magnétique! »

« Merci pour ce moment de fraîcheur, merci pour ce petit mot de cœur, cet instant de bonheur, tes écrits sont si jolis, c'est un peu un morceau de paradis que l'on reçoit »

« J'ai aimé ton humilité face aux choses de la vie »

« J'ai découvert votre univers fascinant. Je ne saurais trouver les mots si justes pour décrire la vibration que je perçois quand je vous lis, mais sachez que j'aime votre style dénué de toute ambiguïté! J'ai rarement ressenti ceci à la lecture d'un ouvrage, mais le vôtre m'est apparu comme un véritable tire-bouchon du bonheur, un puissant mercurochrome du cœur ! »

« Je rends hommage à ceux qui parlent au vent, les fous d'amour, les visionnaires, à ceux qui donneraient vie à un rêve.

Aux rejetés, aux exclus. Aux hommes de cœur, à ceux qui persistent à croire aux sentiments purs. A ceux qui sont ridiculisés et jugés. A ceux qui n'ont pas peur de dire ce qu'ils pensent et qui n'abandonnent jamais. »

Michel De Cervantes

TABLE DES MATIERES

<u>4ᵉ de couverture</u> :
Portrait réalisé au pastel par Séverine DAM,
Membre de l'association des Artistes indépendants Bas-Normands.
Son actualité sur :
https://www.facebook.com/SDam.peinture